鳥貴族《トリキ》で飲める友人がいれば、人生は勝ったようなもの

飲み屋のおっさん客114人に聞いた人生の真実

裏モノJAPAN編集部【編】

鉄人文庫

INTRODUCTION
まえがき

市井のオッサンの言葉にこそ人生の真実がある

「厄介なのが成功体験です」

かつて、トヨタの名物社長、豊田章男《とよだあきお》（現・会長）氏は言った。世の中が変化しているのに、「昔はこれで上手くいった」ことに固執すれば、成長が止まってしまうという意味らしい。自社メディア・トヨタイムズを立ち上げ、現代の風雲児とも呼ばれた、いかにも同氏らしいメッセージだ。

だが、果たしてこの言葉は、いったいどれだけの人の心に刺さるのだろう。ビジネス界の成功者の人生訓は、あくまで頂点を目指す者だけに伝わるのではなかろうか。

我々一般人の暮らしは地味で細やかだ。日々の仕事に精を出し、安酒を呑み、あわよくば女性にモテたいなどと願っている。そんなどこにでもいる市井のオッサンは自分の人生を通し、何に気づき、どんな思いを胸に刻んだのか。彼らが口にする言葉にこそ、リアルな人生の真実が込められているのではないのだろうか。

かくして弊社が発行する月刊誌「裏モノＪＡＰＡＮ」で、ひとつの不定期連載が始まった。題して「タイムマシンに乗って若かりし自分に教えてやりたい　人生の真実とは？」。

取材方法は、いたってシンプル。新宿、赤羽、新橋など都内の立ち飲み屋、さらには大阪や名古屋の大衆酒場へも足を運び、居合わせたオッサン客に長い人生で知り得た人生訓を尋ね回るというものだ。そうやって集めた珠玉の人生訓は一冊の書籍「他人《ひと》が幸せに見えたら深夜の松屋で牛丼を食え」（２０２1年12月発行）となった。

本書は、その第二弾である。取材方法もまったく同じ。酒場で旨そうに酒を飲むオッサンたちに、人生の真実を大いに語ってもらった。

アルコールが入ってるだけに、勢い、内容は下卑たものになりがちだが、酸いも甘いも噛み分けてきたオッサンたちの言葉には圧倒的な説得力がある。名もなきオッサンたち１１３名が腹の底から絞り出した教え。そのひとつだけでもあなたの人生の糧になれば、これ以上の幸甚はない。

２０２５年３月　　裏モノＪＡＰＡＮ編集部

CONTENTS
もくじ

※本書は書籍『「あのときやっときゃ良かった」という後悔は、実際にはやれる可能性などなかったのだからソク忘れよう』（2023年6月、弊社刊）を改題、加筆・修正・再編集し文庫化したものです。

第1章

智者の戒《いまし》め

新しいことを始めるときは
スマートにやろうとするな。
ダサくダサく行け

男・51才

何かを新しく始めるときって、失敗が怖いからとりあえず前例の真似をしようとするでしょ。なんでもいいんだけど、じゃあ弁当屋を始めるとしようか。

弁当屋ってのは、そこそこ立地のいいとこにあって、メニューが何種類かあって、飲み物やサラダもあって、レジにバイトがいて、って前例がある。

でもそういう完成形を見習おうとすると、いきなり動けなくなっちゃう。だって金も人も足りなくてどの条件も満たせそうにないから、どうすりゃいいのってなるでしょ。初手から気持ちが動かないの。

そうじゃなくて、まず米を炊いて、唐揚げだけ乗せて売ることから始めればいいってこと。始められることを始める。だっさい弁当からね。このダサさを恐れちゃいけない。そのうち洗練されていくもんなんだし、最初は目の前のことをガムシャラにやればいいの。ましてや、先例のないことを始めるならなおさらで、ダサくダサくでいい。後で振り返ればそのダサさもかっこいいから。

いいお話です。裏モノ創刊時のダサさを思い出しました。今はスマートですけどね（まだダサいって?）。

俳優だけ二世が多いのは誰でもできるから

男・45才

音楽とかお笑いの世界だと、二世って最初だけ話題になって、すぐ消えるよね。あれって、客が善し悪しを判断できるからだよね。どんな漫才師の息子だろうと、つまんないヤツはつまんないって。音楽もそうでしょ。ミスチルの息子だからって売れるわけじゃない。でもなぜか俳優だけは、二世がはびこってる。理由は言うまでもなく、客が上手い下手を判断できないから。というか、ハナから上手さなんか求めてないし。結局、よっぽどの大根じゃないかぎり、誰でもできるってことだよね。業界が「この人は俳優です」って宣言しちゃえば、国民はそれを受け入れるしかないっていう。

なるほど、政治家もそうですね。って、かつての笑点の円楽みたいなことを言ってしまいました。

田舎の人は圧力を受けながら生きている

男・48才

パワハラとか、付き合いとか、力の強い人への媚びとか、そういう圧力をすべて受け入れて成り立っているのが田舎の生活というもので、だからどこか暗いわけです。

これを知ってると、田舎を旅行したときの味わい深さがまったく変わってきます。なぜここにこんな汚い看板があって、なぜこの人たちはツマらなそうな顔をしていて、なぜ旅行者に冷ややかな視線を向けてくるのか。そういったことがすべて納得できるわけです。言ってることわかりますかね。

もし田舎の人が微妙な表情をしたときは、「理屈の上ではそうだけど、圧力があるから無理」という意味だと考えておいて間違いないです。


その点、都会は自由かもしれませんが、助けてくれる人もいないのでお寒いもんです。

体は、外からの力では変わらない

男・47才

マッサージとか整体とか、電気とかハリとか、とにかく人間の体に外から圧力を加えるものってのは、その場では気持ちいいんだけど、必ず後でおかしなことになる。作用反作用の法則っていうのかな。炎症を起こしたりしてね。だからクセになって延々と通い続けるんだよね。

整体院の待合室と、ヨガの教室、その雰囲気を比べてみたらわかるように、整体はどんよりしてるけどヨガはみんな生き生きしてるでしょ。どっちが体にいいんだろうって話ですよ。

やっぱり体は内側からしか変わらないんですよ。

確かにあれって、次もまた通いたくなる快感があるんだよな。風俗みたいなもんか。

人間はみんな
「あのころは良かった」と
思うようにできている

男・51才

あのころは良かったなーと言うときって、いま現在は良くないってことの裏返しみたいに思うでしょ。いまが不幸だから、過去の幸せだったころを思い出すと。

でもどうやらそうじゃなくて、どんな人間でも過去のことを良かったと思うみたいで。金持ちのおっさんが貧乏学生時代をあのころは良かったなーって思うとか、とにかく過去を美化するのが人間だと。

だから昔の彼女が良かったとか、二十歳のころは良かったとか、そういうことをつい思ってしまう自分を、べつに卑下する必要はなくて、それは健康的な人間の頭の中なんですよってことです。心配はいりません。

金持ちが貧乏時代を恋しがる話、マンガではよく見ますが、そういうもんなんでしょうか。

ヤリチンとはメンヘラ女のカウンセラーに過ぎない

男・45才

ナンパして即ヤリとか、アプリで出会ってすぐセックスとか、そうやって数を競い合うようにヤリまくってる男って、あれはモテてるわけではないんですよ。

誰にでもヤラせる要素を持った女、要するに精神の不安定な女を食い散らかしてるだけなんです。つまり女のメンタルを癒やすためにチ●チンを使ってあげてるようなもので、言ってみれば肉体的カウンセラーですね。

セックスできるとついつい自分の男性力のおかげのように勘違いしがちですけど、実際は逆にメンヘラちゃんの心の安定のために利用されただけなんです。

でも男は全員、自分だけにしか股を開かないと思い込むものなんです。
てか思わせてよ！

今生《こんじょう》の別れは気づかない

男・59才

今生の別れって言葉は、教科書で出てくるのかな。もう今日を最期に会うことはないだろう、今生の別れである、とか言って泣き合うような場面を習った気がするんだけど。

とにかくそのせいなのか、今生の別れってのはお互いに「今がそのときだ」とわかるんだって錯覚があるんですよ。酒を酌み交わしたり、ホームで抱き合ったりするものなんだって。

でも実際は、最期に相手の顔を見たときってのは、そんな意識なんてまったくないんですね。玄関でいってきまーすって出かけたときが最期だったりね。下手したらどんな場面だったかも思い出せない。

別れは突然くるってことです。たとえばあなたのご両親の顔を最期に見た場面、覚えてますか？


ホントにこれはそう。すでに今生の別れを済ませた知人もたくさんいるのかもしれない。

反省に意味があるのは、
もう一度チャンスが
あるときだけ

男・50才

恥ずかしながらウチの嫁の話なんだけど、息子が高校生になった今ごろになって言うわけ。「私の教育が間違ってた。反省してる」って。

おいおい遅いだろ、ですよ。今ごろ反省してどうすんの。もう0才から15才までの15年は戻ってこないんだから。取り返しようがない。

反省ってのは、もう一度同じチャレンジができるときには意味があるんですよ。二度目は失敗しないようにできますから。

でもこんなケースだと何の意味もない。反省なんかするなって言いたいですよ。

世間にも多いでしょ、そういう反省。まったく意味ないっすよね。


そういう反省、よく聞きます。なんのための反省なんだろ。反省すれば許されるとでも思ってるんでしょうか。

眠れない夜は
横になって
目を閉じるだけでも
眠ったのと同じと思え

男・51才

大事な試験とか面接なんかの前の夜って、なかなか眠れないとあせるでしょ。寝とかなきゃヤバイのに、深夜2時とかでも頭が冴えちゃって、ますますあせったりして。若い人は今後そういう場面が何回もあると思うのでアドバイスしておきます。眠れなくても、目をつぶって横になってるだけで睡眠と同じ効果があると覚えておいてください。実際はどうなのか知りませんよ。けど、そう思い込んでおくことが大事なんです。これでいいんだ、横になってるからいいんだって。

仮に一睡もできなくても、これだけで本番もなぜかスッキリ挑めるんですよ。ま、いつのまにか眠れてることも多いんですけどね。

ボク、この考えでだいぶん助かってきたんです。昔から緊張しやすいから不眠になることが多くて。教えてくれた父親には感謝です。

これはいいことを聞いた。
あれって、ダメだと思うからあせって眠れないんですよね。

ギャンブルは
勝ってる状態のほうが
不安定。
だから勝ち逃げできない

男・49才

パチンコやったことありますか？　あれって仮に2万円でも勝ったとしたら、ずっとソワソワしっぱなしで落ち着かないんですよ。すごく心が不安定で。次の日になっても、1時間で2万円になる遊びが駅前にあるのに家でじっとしてていいのかって思っちゃう。で、また打ちに行って、2万円溶かしたところでやっとソワソワが消えるんです。

そこからは二種類に分かれます。気持ちが落ち着いてパチンコから離れるか、取り返したくてまた突っ込むか。ほとんどが後者なんですけどね。

とにかくギャンブルで勝ち逃げできない仕組みはこういうことなんです。勝ってる状態が不安定だから、そのまま終われないんです。

わかりすぎる。
まだ、負けてやめるほうが楽なんだわ、あれって。

川沿いにバイクが
捨ててあるようなところも
東京なのだから、
ニューヨークやパリと
聞いてもビビる必要はない

男・50才

東京を散歩してると、ときどきほんとにここが東京なのか？　ってびっくりするような場所があって。

路上に堂々と洗濯物を干してたり、川沿いにバイクや自転車が捨ててあったり。

このへんに住んでる人たちも、地方に行けば「東京在住です」って自慢げに言ってるのかと思うと、こりゃニューヨークだのパリだのも同じかもと思いまして。

よく、ニューヨークに住んでましたとかパリ在住ですとかって言う人がいると、こっちは勝手にマンハッタンとかシャンゼリゼ通りを思い描くんだけど、実際のところは自転車を捨ててるような地域だったりするんじゃないかって。だからビビる必要もないなって。


なるほど、松井秀喜もたいしたことないとこに住んでるのかもしんないですな。

苦しいときは、
自分が産まれる前後
ティッシュで拭かれた
精子たちの無念に
思いを馳せろ

男・45才

その運命の日に、親父がもしおふくろとセックスしないで、風俗やオ●ニーで済ませていたら、僕になるはずだった精子はティッシュにくるまれて捨てられていたんです。言うまでもなく、前日や翌日の精子は、そういう運命をたどったわけです。

そう考えると、明石家さんまじゃないけど、生まれてきただけで丸儲けなのは事実だなって。

冗談みたいに思うでしょうけど、僕は苦しいことがあるたび、ティッシュに捨てられた何億ものやつらの無念を想像するんですよ。あいつらより僕はラッキーで幸せなんだって。そうしたら、小さなことでくよくよ悩むのもバカみたいに思えるんですよね。

ですよね。だから本来祝うべきは誕生日よりも、その十月十日《とつきとおか》前なんでしょうね。

常にレースゲームの視点を持て

男・51才

昔、っていうか今でもあるのかな、ゲームセンターのレースゲームって。運転席があって競争するやつね。

あのゲームって、２種類の視点を切り替えられるでしょ。まるで運転席にいるみたいな視点と、ちょっと上から自分の車体が見えてる視点と。

当然、臨場感があるのは運転席だけど、勝ちやすいのは上から視点なんだよね。相手との距離とか、道路のカーブの仕方とかがわかるから。

何が言いたいかっていうと、仕事や人間関係もそうだなと。運転席視点じゃなくて上から視点を意識しようってことなの。

自分を客観的に見ろってことだけど、それだと抽象的すぎてわかりにくいから、いつもあのレースゲームの画面を頭に入れておいて、「今、上から見れてるかな？」って考えるわけ。だいぶん意識が変わってくるからやってみて。


運転席視点って、どこを走ってるかわかんなくなるんですよね。この方の考え方、なかなかアリですね。

消費へのうらやましさには、本人を称賛する気持ちがない

男・54才

そうだなー。たとえば高そうなカフェランチの写真をオシャレに撮って、友達に見せるとかＳＮＳに上げるとか、みんなやってるでしょ。見せられたこともあるでしょ？

そんなことが繰り返されるうちに、みんなさすがに気づいてきたはずなんです。写真が映えれば映えるほど、本人が映えないという現象に。そんなもんを自慢してくる性根がぜんぜん映えてねーよっていうやつですね。なのに見せる側になったとき、ぼくたちは勘違いしてしまうんですね。映える場にいる私は映えてる。映えるものを食べてる私は映えてるって。

これ、「うらやましい」って感情をごちゃまぜにしてるからなんです。

たとえばホームランを打ってうらやましがられるときは、自分自身への称賛があります。すごいな、偉いなって。

でも消費に関する、いいなぁうらやましいなぁって感覚は、技術や能力へのうらやましさと違って、本人への称賛はまったくないんです。ランチや旅行の写真でうらやましがられても、自分の価値を上げることにはならないんですね。

「うらやましい」のごちゃまぜか。なるほど、これはわかりやすい！

「今後の課題です」と言ってるやつが、その課題を解くことはない

男・49才

みなさんの会社での会議でもいいし、テレビのコメンテーターでもいいけどさ。あれこれ問題点を並べ立てておいて、最後に「これらは今後の課題となっています」って締めくくる人いるでしょ。まるで他人事みたいに。

あいつらがその課題を解決してるのって見たことある？　あるいは解決しようと努力してることってある？

ないでしょ。あれって要するに、私は調べました、解決するのはどこかの誰かです、って言ってんだよね。

なんか語りっぷりだけ聞いてたら立派な気がするけど、調べるだけなんて何も立派じゃないし、目立たないところで解決しようとしてる人のほうがダンゼン立派なわけで。

問題点を列挙してるだけの人、周りにいません？

テレビでよく見るなぁ。今後の課題ですって言ってるなぁ。
ホント、誰の課題なんだろ。

鳥貴族《トリキ》で飲める友人が1人いれば、人生は勝ったようなもの

男・54才

この歳で男2人だけで飲みに行くことって、そう多くはないけど、なくもないんですよ。だいたい子供つながりのパパ友とか、仕事でつながってる人とか、まあ友人というより知り合いですね。だから行く店も少し気をつかって「ここ、刺身が美味いんですよ」みたいなとこを選んじゃう。

でもね、鳥貴族にささっと入ってダラダラ一緒に飲める相手ってのも1人だけいるんです。それはやっぱ友人ってことになるのかな。何もかっこつけないし、気兼ねもいらないし。

口に出しては絶対言わないけど、飲みながらいつも思うんですよ。こういう友人が1人いるだけで、人生勝ったようなもんだなって。経済的な勝ち負けじゃなくて、なんて言うんだろ、これで人生オーライじゃんって。そう思いません？

みなさん、トリキ飲みできる友の顔を思い浮かべましょう。浮かべば幸せな人生です。

情報量が少ない人のほうが幸せそうに生きられる

男・44才

地元に、ママさんバレーやってる女友達がいてね。高卒の45才で、ニュースとかネットとかまったく見ないから世の中の動きを何も知らないんだけど、それでものほほんと楽しそうにしてるのよ。飲み食いばっかりして。

彼女を見てて思ったわけ。情報ってほんとに必要なのかなって。

地球上の出来事って、報道されなかったら、少なくとも自分個人にとっては起きてないのと同じだと思うのね。

どこそこの国で50人が死んだ事故があったとしても、報道されなければ知りようがないし、知らないってことは起きてない状態と同じでしょ。

そう考えると、果たして情報や知識を増やすことは、本当に幸せなことなのだろうかと。ニュースで世の中の気分の悪い出来事を知ってしまうと、もう「起きた」ことになるから落ち込んじゃうしね。

結局、情報量の少ない人のほうが幸せに生きられるんじゃないのかな。

なるほど。のほほん系で生きていくならニュースやネットはいらんでしょうな。

並ぶ意味のない行列には並ばないように生きよう

男・48才

新幹線の指定席車両の乗り場とか、飛行機の搭乗口もそうだけど、わざわざ行列を作って並ぶ人っていますよね。一番ケツで入っても絶対に座れるのに、なんで早く入ろうとするんですかね。

駅のエスカレーターもそうですよね。電車を降りてからエスカレーター前のホームにずらっと並んでる。あんなの、いったんベンチにゆっくり座って、空いてから向かえばなんのストレスもないのに。

あれはきっと集団催眠のようなものじゃないかって。行列ができてるってことは、並んだほうがいいことがあるに違いないって思ってるのかも。

ああいうムダな行列を避けて生きるだけでも、だいぶん心に余裕が持てるものですよ。


指定席車両の行列、たしかに不思議ですよね。ピンサロの行列はめっちゃ理解できますが。

知り合いに
大物が多いヤツは
自分自身の努力不足を
告白しているようなもの

男・47才

なんか、知り合いに有名人とかビッグな人が多いヤツっていない？　あそこの社長は高校の同級生だとか、あの議員とはよく遊んでたとか、やけに知り合いに大物がいるヤツ。いるでしょ？

でも、そいつ自身は何者でもないの。ただのオッサン。

思うんだけどさ、昔の知り合いってことは、そいつと大物さんとはよく似た境遇にいたってことなんだよね。だから一緒に遊んだりしてたわけで。

で、時が経って、かたや社長で、かたやただのオッサン。

つまりそれって、そいつがいかに努力してこなかったか、ってことにならない？　同じ境遇だったんだから、お前も偉くなれただろ！　って。

だから大物が知り合いだなんて自慢するのって、かっこ悪いことなんだよね。

あれは、自分もビッグの端くれなんだというアピールだと思ってました。
考えてみりゃ、端くれでもなんでもないですね。

親とちがって
先輩は選べる。
影響を受けたい先輩を探せ

男・56才

そうだなあ。人生って誰に一番影響受けるかって考えると、親とか恩師とかって言う人もいるけど、ほとんどの人は少し年上の先輩に影響されてるんじゃないのかな。

思い返してみてどう？　進路を決めるときとか、仕事を決めるときとか、身の回りのあの人に憧れて、ってのなかった？　特定の一人じゃなくて、その都度ちがう先輩だとしても。

で、大事なのは、親は選べないけど、先輩は選べるってとこなの。学校にはいなくても、バイト先にいたり、今はいなくても、この先に現れたり。

だから若い人に言いたいのは、とにかく先輩を探せってこと。学校でも職場でも、「あの人だ！」って人をね。

逆にしようもない先輩につかまったりするのは愚の骨頂だね。自由に選べるんだから、敬えない先輩と付き合う必要はないでしょ。


でも、どうしようもない先輩ばっかりいる部活なんかがあったりするのも面白いところです。

二度三度
やりたくなることが
あるだけで幸せだ

男・61才

50才を過ぎたころから、だんだん物事にときめかなくなりましてね。映画だとか旅行だとかに、そこまで気分が盛り上がらないの。感動する心が薄れてるみたい。周りの友人もみんなそうだって。

だから同じことを二回やりたいって思えないんですよ。楽しかったからまた来よう、またやろう、って気持ちがホントになくなってる。一回で、もういいやってなっちゃう。

気づいたの。この歳になると、「またやりたい」ってことがあるだけで幸せなんだってことに。なにかしら心が動いてるってことだからね。

「また食べたい」でも「また集まりたい」でもなんでもいいから、二度三度やりたくなることにどれだけ出会えるかが人生の肝なんだって思いますね。

若い人は、またサッカーを見たい、また恋人に会いたい、またラーメン食べたいって普通に思ってるでしょうけど、そう思える心がうらやましいです。


なるほど、二度やりたいことか。

銭湯&ビールも、心が動いてるってことなんだな。幸せだ。

すべての「論」は
前半が正しくて
後半は無理矢理

男・60才

そうだなあ。若い人ってこれからの長い人生で、自分の論を説いてくる人とか、なんらかの説得をしてくる人とかにたくさん出会うと思うんです。それは何かの勧誘かもしれないし、騙しかもしれない。

知っておいてほしいのは、世の中の論という論には、共通する特徴があるんです。それは、出だしは正しいけど途中から無理矢理になる、ってことなんです。

たとえばそうだなあ。こういう論があるとしましょう。

プラスの磁気とマイナスの磁気は引き合います。だからいいことがあった後には不幸も起きるんです。

前半は正しい科学でしょ。でも後半は無理くりです。こんなふうに、正しい真理で始めておいて、おかしな方向に引っ張っていくものなんですよ。論じる人ってのは。

この仕組みを知っておけば、いつのまにか説得されて印鑑を押してたなんてことはなくなりますよ。

健康食品なんかは、ほぼこの論理で攻めてきます。●●は体にいい、だからこれを飲めば健康になれますと。●●が入ってる証拠はどこにもないままに。

予想よりも10年早く人間的には死ぬと思っておけ

男・54才

自分は何才まで生きるだろうかと考えたことってありますか。

普通に健康な人はみんな、80代半ばぐらいまでは生きそうかなーってぼんやり思ってるんじゃないでしょうかね。50代の人なら、ということは後30年ぐらいか、なんて。日本人の平均寿命もそのあたりだし。

でもそれは命が途絶えるときの年齢としては正しいのかもしれないけど、実際はその10年ぐらい前からかなり不自由な暮らしを強いられてることが多いんですよ。

寝たきりで介護とまでは言わなくても、膝が悪くて思うように歩けないとか、外出は車いすだとか。

そう思うと、人間らしい生き方って観点からなら、寿命は自分が考える10年マイナスと思っておいたほうがいいわけで、それまでにやりたいことはやっておかないと。急に焦ってきませんか？

この方、訪問介護の現場に何年もいたそうです。
そういう意味ではサンプルが偏っているのかもしれませんが。

誰でも「今この状況」は初体験なのだから許してあげよう

男・56才

人を許せる心を持ちましょうって話をしますね。たとえば今朝、電車で赤ちゃんを抱いたお母さんがいたのね。たぶんお姉ちゃんなのか、5才くらいの子も隣に従えてて。で、赤ちゃんが泣いて泣いて、お母さんがオロオロしてるの。こっちが心配になるくらいにあたふたして。その光景を見て、冷ややかな人だったら、なんで2人目の子供なのにこんなに落ち着きがないんだ、これまで同じことを何度も経験してきただろって思いそうだけど、それは違うんだよ。お母さんにしてみれば、今の年齢、体力で、さらに5才のお姉ちゃんを従えた状態で、赤ちゃんに泣かれるってのは初体験なの。でしょ。

言ってみれば誰だって、「今ここの状況」ってのは初体験なんだよね。昨日と同じように見えても、今この体調、今この精神状態は昨日と違うわけで。

そう考えると、なにかミスした人に対して、なんで大人なのに、なんで先輩なのに、なんでベテランなのに、って非難するのは間違ってるんだよね。みんな初めての経験をしてるんだから。大らかに許してあげましょう。


聖母のような人です。

でも誰もがすべて初体験というのはそのとおりだな。

歳取ってからやればいいと
思っていても、
いざ歳をとってしまうと
しんどくてやらない

男・48才

ウチの両親のことなんだけど、僕が働き始めて初めてボーナスが出たときに、海外旅行をプレゼントしてあげようとしたんですよ。一度ヨーロッパとか見てきなよって。僕が23才くらいだから、親は50前後かな。

でも、いらないって言うんですよ。旅行なんてもっと歳とってからでも行けるからって。本人たちがそう言うなら、まいっかと思って、そのまま立ち消えになったんですけど、いつのまにかもう親も70越えてて。

で、言うんですよ。あのときヨーロッパ旅行しとけば良かったって。歳をとると、時間はあるけどなんかしんどくて意欲がなくなるんだって。

だからつくづく思うんですよ。歳とってからできそうなことでも、今すぐにやっておくべきなんだなって。旅行レベルでそうなんだから、新しい趣味を始めるパワーなんか、なかなか出てこないだろうしね。

長編小説の読書なんかもそうでしょうね。
買ったまま放置してる本は今のうちに読んでおきましょう。

バイト経験が長いと自分で考えなくなる

男・45才

会社で新人採用の仕事を担当してるんですけど、入社試験の応募者に多いのが、新卒にせよ中途にせよ、バイト経験が長かったり、いろんなバイトを体験してきた人なんですよ。

そういう子たちを採用すると、てきぱき働くことはできるんだけど、何か違うんですよね。

要するに、バイト期間が長すぎるせいで、言われたことだけを完璧にやればいいって思い込みが身に染みついちゃってるんですよ。

便利な存在だとは言えるんだけど、自分で考えるクセがないと、会社員としてやっていくにはしんどい。

だから、これから採用されたいって人も、バイト経験はアピールしないほうがいいです。いくら店長に信頼されていたとしても、それは採用する側にとってはむしろ悪印象になるので。

これは適材適所でしょうね。
言われたことだけをやる職種なら、喜んで採用してくれそうです。

不美人な奥さんを
愛してる旦那さんこそが
本当の幸せ者である

男・54才

幸せの層はいくつもあって、自分がいる層の幸せを満喫すればいいと思ってます。ちょっとこんな例を出すのもあれですけど、やけにブッサイクな奥さんなのに、大事に愛してて幸せそうにしてる旦那さんっていますよね。ああいうのをつい見下してしまいがちな僕たちですけど、とんでもない話で。あれこそが本物の幸せなんです。

他人の目とかどうでもよくて、自分がどう幸福を感じるか。人生なんてそれだけですよ。プール付きの豪邸で美女に囲まれるのも幸せでしょうけど、そんな方向を向いてると、自分が不幸なんじゃないかって勘違いしちゃう。

自分がいる場所、獲得できるもので、最大限の幸せを味わおうとするのがいい人生なのではないでしょうか。

ある意味そうですね。イケメンとか金持ちの私生活なんて見たくもありません。

スッキリしない行動には必ず表向きとは別の理由がある

男・63才

芸能人の謎の引退とかに限った話じゃなくて、自分たちの身の回りでも、人の行動が不可解なときってないですか？　なんで集まりに来なくなったんだろうとか、なんで急にいなくなったんだろうとか。

理由がクリアなときはいいですよ。身内が病気でとか、受験がどうこうとか。じゃなくて、そんな理由って変じゃない？　ってことがあるでしょ。そんな程度で辞めるかしら？　みたいな。

そういう、ある種、不可解でスッキリしない行動って、必ず表の理由とは別の理由があるんです。この「必ず」ってのが大事です。人に言えないってことは人間関係に決まってる。必ず誰かを嫌いになってる。痴情のもつれとかね。

そう思えば、スッキリしない行動をしてくれると、妄想が広がって楽しめるよね。

大学のサークルなんて、みんなこのパターンで人がいなくなってたような。

正しい怒りでも人に見られると損する

男・45才

よく怒る人っているじゃん。あと、僕らもたまには誰かに怒るでしょ？

冷静に考えると、怒るってことは相手が間違ったことをしてるときだから、怒る側は正義なの。自分が正しいから怒るわけ。腹は立ってるけど、言い分は正しいから「言ってやった！」ぐらいの気持ちはあるんだよね。

でもオカシイのは、その正しいはずの怒るって行動は、周りから見るとポイントダウンするんだよね。怒られた当人はもちろん、その経緯を知ってるはずの第三者からも「そんな怒り方しなくていいのに」ぐらいに思われちゃう。「あの人って怒る人だもんな」って悪いイメージがついたり。

そう考えると、いくら正しくても、怒ってるとこを見られるのって損なんだよ。正しいけど損するって覚えておけば、人前で怒り散らしたりはしなくなるよ。

真っ当な怒りであっても、怖い人イメージはつくもんな。だから賢い人は2人だけのときに怒るのか。

結婚生活とは射精後の外食のようなもの

男・46才

若い人って、いつかは「こいつと結婚していいんだろうか？　俺はこいつのことを本当に愛してるんだろうか？」なんて悩みを抱くときがあると思うんです。

そんなときにアドバイスです。結婚していいかどうかの、判断材料が一つありまして。

それは射精した後、愛しい気持ちで外食できるかどうかです。

セックスの後、ベッドで一緒にいるとか、お風呂に入るとか、そういう延長線上の行動じゃなくて、わざわざ外食できるかどうか。したいと思えるかどうか。

というのも結婚生活って、射精直後の外食のようなものなんです。いっさい相手にムラムラしてないけど、何年も何十年も一緒に面倒なことをしなきゃいけない、それが結婚生活です。

あの賢者タイムのときに、よしご飯に行こう！　とならないようじゃ、その結婚はやめたほうがいいですよ。


こんなにわかりやすい判別法があったとは。

結婚って難しいなあ。

人の心中を察する発言のときは性善説をとっておけばいい人と思われる

男・40才

たとえば何かの幹事が集合時間に現れなかったとしましょう。そしたらこんなことを言うヤツがいますよね。「どうせ会費持ち逃げして遊んでるんじゃね？」とかって。

他にも人の悪口を言うときに「あいつ、ああ言ってるけど、本心ではこんなのくだらないって思ってるんじゃない？」とか、とにかく他人の心の中を裏読みする人がいますよね。

あれって自分の中にそういう発想があるから出てくる発言なんですよ。他人のことを言ってるようでいて、実は自分なら思いかねない、やりかねないって内容を言ってる。

で、逆もそうなんじゃないかと思って。さっきの幹事の例だったら、「きっと並ばないように先にお店予約してくれているんだよ」みたいに良い想像をする人ってのはすごくいいヤツなんじゃなかろうかと。単におめでたいヤツって感じもあるけど、周りにはいい印象を持ってもらえるでしょ？

だから自分も人の行動や心中を察する発言をするときは、あえて性善説を意識しておくようにしてるんです。いい人だと思われるために。

なかなかいいこと言う人だなと聞いてたら、着地点はイイ人だと思われるための作戦でした。計算高い！

「●●だけど○○だ」と説明されたら中身をひっくり返してから判断せよ

男・43才

人生訓か。なんだろ。あ、そうだ、こんなのどうです？「何々だけど何々なんだよねー」ってセリフは、自分の頭のなかで一度逆に入れ替えてみると冷静な判断ができるってヤツなんですけど。

たとえば友人から女性を紹介してもらうときに「あいつは性格がいいけど美人じゃないんだよね」って言われたとするでしょ？　日本語は、「だけど」のあとに力点が置かれてるから、どうしても美人じゃないことが気になって、じゃあ、やめとくかってなりがちですよね。

でも、それって友人が置いた力点なわけで、こっちでひっくり返してもいいんですよ。美人じゃないけど、性格はいいんだって。性格はいいけど美人じゃない。美人じゃないけど性格はいい。受ける印象がガラッと変わるでしょ？　それなら一度会ってみるかってなるじゃないですか。こういうクセをつけておけば、他人の主観に邪魔されることがなくなりますよね。あの店は美味いけど店員が失礼とか、栄養はあるけどマズいとか、その種の言い方もぜんぶひっくり返してから冷静に判断したほうがいいですよね。

昔、「あのヘルス、3回転だけど性病が蔓延してるんだよな」と説明されたことがあります。迷った末に遊びました。我ながら冷静だった…のかどうか。

若いヤツらのことが
わからないのは
あいつらが
根性マンガを
読んでないから

男・50才

最近の若いヤツらってわかりにくいでしょ。ほんとに堪え性がないんですよね。どやすとすぐ拗ねて、パワハラだなんだってうるさくて。どいつもこいつも歯を食いしばって頑張ることを知らないんですよ。その理由が何かって、ちょっと気づいたことがあって。今の20代半ばぐらいのヤツって、努力根性系のマンガを読んでないんじゃないかと。

僕らのころはドカベンみたいに、素振りを繰り返してホームランとか、指の水かきを切ってフォークボールを投げるみたいな、血のにじむような根性が実を結ぶマンガがたくさんあったんですよ。

成功するには人より努力するのが当たり前で、失敗すれば怒られるのは当然だって、無意識のうちに教え込まれていたんですね。でもそんなマンガがなくて、テレビドラマもなくて、親も教師もふにゃふにゃしてたら、根性なんかどこで身につくんですかって話なんですよ。

なもんだから、若いヤツらのことがわからないって嘆いてないで、そんな少年時代の環境も理解してやらんといけないのかなと。

ためしに周囲の20代前半の若者に聞いてみたところ、確かにそんなスポ根マンガは読んだことがないとのこと。だからあいつら、根性がねーのか!

健康志向の親を持つと介護が長引く

男・52才

会社の同僚の話なんだけど、そいつの両親って昔から健康にすごく気を遣ってたらしくて。食事は魚や野菜をモリモリ食べて週に4日は夜にウォーキングやジョギングをやるみたいな。

最初は感心するっていうか、羨ましかったよね。だってそういう両親ならいかにも長生きしそうだし、俺の両親にも見習ってほしいなあって思いましたよ。特に俺の親父なんか典型的な飲んべえで、健康のことなんかまったく気にかけない人だから。

でもね、今はちょっと考えが変わったの。ていうのも、その同僚の親父さんが認知症になって今はすっかりボケボケなのに、死ぬ気配がまったくないんだって。

家族は介護で大変だし、親父さんも80を越えてるらしいから、十分長生きしたとみんな思ってるんだけど、健康に気を遣ってたから体だけはめちゃめちゃ元気なの。すごい皮肉でしょ？　だから思ったの。両親が健康に気を配るのは喜ばしいこと。それは絶対に間違ってないんだけど、その代わり子供が介護で苦労する確率は高くなるんだなって。そういう親を持つ人は今から覚悟しといたほうがいいんじゃないかな。


まあそれでも長生きしてくれるなら悪くはないかと。

自分を納得させながら介護する日々…、うーん、どうなんだろ。

面倒見のいいヤツは優越感に浸るのが目的

男・38才

世の中にはいろんな人がいるけど、僕は面倒見のいい人ほどうさん臭い人間はいないと思ってます。特に、頼まれもしないのに他人の世話や手助けを買って出る人は軽蔑さえしてます。

だって、ああいう連中が他人の面倒を見るのは、ただ単に優越感に浸りたいだけだから。僕の知人にもいるんですよ。

困ってる人を助けてあげるなんて俺ってチョー優しい！　あるいは、他人ができないことを簡単にこなせてる俺ってすごい！　そんなゲスなことを考えておせっかいなマネをやってるんです。

ちゃんと人の役に立ってるなら、僕もここまで辛口なことは言いませんよ。でも、連中はそんないいもんじゃないんです。たとえば仕事を手伝ってやってる相手がちょっとでも気に入らないことを言えば、平気でイジメの対象にしてきます。覚えといてください。優越感に浸るために他人の面倒を見るヤツってのはすぐ手のひら返ししてきますから。だってそれもまた優越感に浸れますからね。

熱血指導で評判のいいコーチがいきなり暴力をふるうようなものだろうか。たまに聞く話だけれど。

社会に怒ってる人は
たまたま
目に入ったことに
怒ってるだけ

男・53才

たとえば税金10億円が、あるくだらない建物に使われてるとしたら怒りが湧き上がるでしょ。血税を何に使ってやがるんだって。

でも実際のところ、他にも知らないところで１００億単位のムダな税金が使われているると聞いたら、なんでその建物ばっかりに怒ってるんだ俺は、なんか整合性が取れないぞってことになる。怒りの矛先がわからなくなるんですよね。

要するに、知らないだけで、ほんとは怒るべきことは他にいっぱいあるんだってことです。たまたま目に入ってしまったから怒ってるだけで。

知人とか家族とかが社会問題に敏感になってその手の運動に走りそうになったときに「他のことはほっといていいのか」と言ってやると、途端に黙りこくりますから。往々にしてああいう人たちは視野が狭いから、ひとつのことに怒りが向いちゃってるだけなんですよね。

学生などにありがちなことだ。
ま、どれもこれもに怒ってたら体がもたないんだろうけど。

若鳥料理
魚貝
珍味
山菜
田舎料理
酒

高価なモノが欲しくなっても
一度レンタルで手元に置けば
欲しくなくなる

男・44才

なにか高額なモノが欲しくなっても、一度レンタルしたら急に欲しくなくなるってのはどうですか？　物欲が猛烈に高まる時期って誰にでもあると思います。残業を頑張った月の給料日とか、年末のボーナス前とかは、ようやく前から欲しかったモノが買えるぞって鼻息が荒くなりますよね。

僕も昔からロレックスの時計がずーっと欲しくて時期をねらってたんです。それで去年、ようやく貯金で買ってやることにしました。ただ、欲しかった型番の新作が急にモデルチェンジしちゃったので、大きさを確認してから買うことに決めたんです。だって、150万くらいの買い物だから、絶対に後悔したくないでしょ？　けど、田舎に住んでて近くに正規店もないからネットで同じものをレンタルしてみました。自宅に届いてハメてみたら大興奮です。これは買いだ！　ってね。ただ、数日続いた興奮も1週間ほどで消えてたんです。あれだけ欲しかったのに急に興味がなくなっちゃいまして…。たぶんレンタルして一度手元に置いたから、物欲が消えちゃったんでしょうね。そのとき思ったんですけど、物欲ってショーウインドー越しに見るから強くなるのであって、自分で身につけて生活しちゃうと欲しかったものだろうが、高価なものだろうが関係なく、ただの「モノ」になるんでしょうね。

だから、高価なものが欲しくなったら、僕のように一度レンタルしてみたらいいですよ。本当に必要なモノかどうか判断できますから。

なるほどね。結婚前に同棲したら結婚する気がなくなるってのと同じことかな。

明日は休み前の
金曜日だと思えば
木曜までは楽しくなる。
でも水曜は無理

男・40才

一つ、自分の長い社会人生活の中で編み出した理論がありまして。

我々サラリーマンにとって、金曜日ほど楽しい日はないんですよ。ヘタしたら土日の休みそのものより楽しいかもしれない。金曜は朝から浮かれて、仕事もまったく苦にならない。なぜって明日から土日ですもん。そこで考えたんですよ。こんなに楽しい金曜日を翌日にひかえた木曜日はどうなんだと。さあ、明日は楽しい金曜日だ、さっそくウキウキしてきたぞ！　となるのかならないのか。これが意外とイケるんです。それぐらい金曜日ってのはパワーがあるんですね。木曜日までウキウキさせるぐらいに。

それじゃあ同じ理屈で水曜日はどうなんだっていうと、そこまでの力はないんですよね。あくまで木曜は金曜のおこぼれであって、水曜に波及させるほどのパワーはない。そりゃそうですよね。

まあでも、週で木金土日と4日も楽しければ万々歳でしょ。このプレ花金理論のおかげで肩の力がスッと抜けますよ。試しにやってみてください。

なんと前向きというかノー天気というか。
なんとか水曜までも引っ張ってみたいものだ。

いつもと
逆向きの電車に乗れば
普段の幸せに気づく

男・43才

朝の通勤電車って大多数の人が郊外から、オフィスのある都心に向かいますよね。時間帯によってはギューギューの満員電車です。そりゃもうイヤになりますよ。ウチの最寄り駅は反対ホームに、郊外に向かう電車が走ってるんですけど、朝はもちろん車内がガラガラに空いています。で、あるとき、ふと会社に行くのがイヤになって、その逆向きの下り電車に乗ってみたんです。今日はサボってやれって。その車両にどんな人達が乗っていたかっていうと、たぶん、夜に都心で働いて帰る人もいれば、郊外の職場に出勤する人もいたはずです。何をしてるのかわからない感じの人達がパラパラと座っていました。

で、こう言っちゃなんですけど、正直、その皆さんがパッとしない感じだったんです。くたびれた服を着て、なんとなくお金を持ってなさそうで、なんとなく疲れてそうで。あくまで僕が漠然と感じた印象ですけどね。

そのとき、満員電車に揺られて出勤してる自分のことが、実は恵まれてるんじゃないかって思えたんです。大多数側に入って歯車みたいにコツコツやれることも幸せなんじゃないかと。

こんな些細なきっかけでここまで気持ちが変わるなんてビックリですよ。皆さんも一度、いつもと逆の電車に乗ってみるといいと思います。

郊外で楽しくピクニックする家族なんかが乗っていたら、そのまま会社を辞めてたかも。

ヤンキーに絆《きずな》はない

男・44才

誰の地元にもエグザイルみたいな風貌のヤンチャ集団っているでしょ。海とかバーベキューとか好きそうな。肌が黒くて。あいつら、「絆」とかって言ってそうでしょ。俺たちの絆は鉄よりもカタいとかって。言ってないかもだけどね（笑）。

俺はああいう連中を見ると、「あ、また絆がいたよ」ってバカにしてるんだけど、いつだったか見たんだよね、帰省したときの居酒屋で。

その絆グループ、まぁ騒ぐやなんやでかなり盛り上がってたんだけど、一人明らかにいじられキャラのヤツがいたんだよね。他のヤンキーに酒ぶっかけられたり、タバコのパシリにされててさ。思いましたよ。ああ、絆たちも実際のところは絆なんてなんにもなくて、偉そうなヤツが偉そうにして弱いヤツをイジメてんだなって。

なもんだからそれ以来、田舎ヤンキーには絆はないってことと、もし絆って言ってるんだとしたら、それはツルんで飲んで騒ぐことを意味してるってことだと理解しておけばいいなって。

ヤンキーへの皮肉が利いておりました。
みなさんの地元の絆たちはどうでしょうか。

1年ぐらいは別人として生きられる

男・51才

俺が言えるのは「誰でも1年ぐらいなら別人になれる」ってことかな。ずっと自堕落だった人でも1年間限定なら勤勉な人間になりきれるって意味ね。1年っていうと大学受験がわかりやすいんだけど、俺、高校のときはホントに勉強できなかったの。からっきし。でもいい大学に行きたいし、浪人したのね。そのとき決意したのがこの1年はこれまでの人間関係をリセットして、ガリ勉君キャラで生きようって。予備校では誰ともしゃべらず最前列で授業を受けて、授業のあとは自習室でひたすら勉強ですよ。

そしたら周りの目が「あいつはガリ勉だ」って固定されてくるんだよね。当然だよね。過去を知らないんだから。もちろん、遊びなんかには誘ってこないし。で、今度は自分の中にその周りの目を裏切れない気持ちが出てくるの。絶対、そこそこのとこ受かんないと恥ずかしいよって。

こうなるともう、ガリ勉君を演じてる俳優のようなもので、サボってるとこは見せられない。自分もなりきっちゃってるから、だんだん勉強してる自分が心地よくなる。ひとりのときも役に入り込んでる感じだね。

なんとか志望大学には受かって、そのあとはまた自堕落に戻るんだけど、いま振り返ってもあの1年の自分は別人だったなって。だから誰でも1年くらいは俳優になって、新キャラを演じられるんじゃないかな。

1年頑張る、ではなくて、1年別人になればそのキャラが心地よくなる、ということのようです。さすがに2年目はしんどいのかな。

コンサートで
一番気持ちよくて
一番稼ぐのは
ステージの歌手だから
バカバカしい

男・42才

コロナ禍前はライブコンサートとかに行ってたと思うんですけど、ぼく、あるとき気づいちゃって。会場に1万人ぐらいいる中で、一番気持ちいいのってステージにいる歌手じゃんって。あの一番気持ちよく歌ってる人がさらに大金までもらってて、ぼくらはその人のために何千円も払ってるんですよね。

なんだかバカバカしくなっちゃって。だっておかしいですよ。一番気持ちいい人が一番お金をもらうってどういうことですか。

スポーツ選手ならまだ天国と地獄があるから許せるんだけど、コンサートって確実に天国ですよ。天国で気持ちよく歌って大金までもらえるなんて納得できないですよ。

この話を聞くとたぶん、みんなもうコンサートを楽しめなくなると思います。すみません。

確かに「お布施」ぐらいの気持ちじゃないと楽しめないでしょうね。あれは宗教ですから。

「報われない努力もある」は
自力で気づくべきことで
大人が子供に
伝えてはいけない

男・57才

昔は勉強やスポーツ頑張ってる若者には「努力は報われる」って言い方で励ましたもんだけど、最近だと「報われない努力もある」って、身もフタもない言い方のほうが流行してるみたいで。

もちろん報われない努力が多いのは事実なんだけど、それを訳知り顔の大人が子供に伝えてしまうのはよろしくないかなと。

「この努力はきっと報われる」と思いながら頑張ることが本物の努力であって、「報われないかもな」と思いながらなんて、手抜きの努力ってことになりません？

だから報われると信じて、結果、報われなかったという体験をして、自力で「報われない努力もあるんだな」って気づくのはいいんですよ。それは糧になるから。

でも、そんな経験を積まずに、努力しても報われないなんて思っちゃうのはマズイことだなって。

真剣に若者の将来を憂慮されてました。ま、報われた体験を若者に伝えることが大人の責務なのかもしれませんね。でも往々にしてうざがられるんだけど。

仕事できる自慢は絶対フェ●してくれないくせに「フェ●上手いんです」と言ってるのと同じ

男・39才

最近だと若い女に多いように思うんだけど、私、仕事できますアピールしてくるやつっていません？

飲み会の席にもこれ見よがしにパソコン持ってきて、ときどき開いてカチャカチャやったり。おいお前、酒飲みに来たんじゃねーのかよって。カタカナの業界用語を使いたがるのもいますよね。

それだけ自分は会社に頼りにされてる、仕事ができる女なんですってアピールなんだろうけど、お前が仕事できても俺らには何のメリットもないっつーの。

言ってみりゃ、絶対フェ●してくれない女が「私、フェ●上手いんです」って言ってるようなもんでさ、だから何なんだよってことですよ。こっちに関係ないじゃん。だから仕事できる自慢はやめといたほうがいいですよってことです。それは自慢になってないから。

明快なご意見ありがとうございます。
フェ●上手いって言うなら、やってくれなきゃ意味ないですもんね。

レビューを書くという時点でオカシなやつなのだから内容など信じても無意味

男・43才

本屋で面白そうな本を見つけたら、レジに行く前にアマゾンとかのレビューを見るクセがあったのね。しかも最低点をつけてるほうが気になって読んじゃう。そしたら、導入はいいけど構成がメチャクチャだとか、この筆者はもう劣化しただとか、ゴミ箱直行だとか酷いことが書いてあるわけです。それでもう買う気がなくなっちゃう。

星5つでいいこと書いてる人が多くても、その少数の罵詈雑言に引っ張られるのよ。もし自分が読んで同じ感想だったら最悪だし。

でもよく考えたら、良く書く人も悪く書く人も1円にもならないのに、なんでレビューしてるのかなって。誰に頼まれたわけでもないのに、長ったらしい感想を書いて悦に入ってるようなやつって、冷静になればかなりオカシイっていうか。要するにそんなオカシイやつの感想文を気にしてどうすんだって。

街頭でなにか叫んでるアブナイ人の意見は無視するのに、なんでレビューは信じるのか。そのおかしさに気づいてからは、レビューなんて一切読まなくなりました。

良い感想も信じて裏切られることが多いので、どっちにせよ、読んじゃいけないってことですね。

第2章

危ない瀬戸際

男に
いかに寄生するかを
教え込む母親が多い

男・40才

ウチの家庭環境だととても想像できなかったことがありまして。

僕、3つ上に姉がいるんですけど、高校出て当たり前のように四年制の大学に行って、就職して、結婚してからも働いてって生活をしてるんです。まあ、これが普通だなと僕なんかは思ってたわけです。

でもどうやらこれ、普通じゃないみたいで。結構、女の子の母親って、男にいかに寄生して生きていくかってことだけを教えてるんですって。

そのためには学力なんか適当でいいし、四年制の大学なんかに行って自立する必要はさらさらない。とにかく、稼ぎのいい旦那を捕まえることだけが勝負だと。

これ、本人の意志じゃなくて母親がそう教え込んでるってところが不気味というか。でも同性の親が言うんだから当たってるのかもしれないってことが、また嫌な気分になるんですよね。


過去に女性から似たような教訓を教わったことがありますが、母親がそう教育してるって部分がたしかにゾッとしますね。

金を払ってる側が、金を受け取ってる側を喜ばせてるような場所には近づくな

男・45才

たとえばキャバクラで理不尽を感じた人は多いと思います。なんで客のオレが女の子を盛り上げてやってんだろ？　って。金を払ってんのはこっちなのに。

あと、知り合いが小さな劇団にいたりすると、よくありますよね。安くない金を払ってくだらない演劇を見せられて、なのに充実した顔で拍手を受けてるのは向こう側っていう。

世の中にはそういうおかしな場所が結構あって、おかしなことにそれがずっと成立してるんです。

搾取されないためには、そういう場にはいっさい近づかないことです。気づかないうちに取り込まれてることってありますからね。


結婚式とかもそうじゃないですか？

3万円払って、「おめでとう」って喜ばせてやってるのってどうなんだろ。

嫉妬は、殺人に至ることもある病気

男・43才

異性間の嫉妬、要するにヤキモチのことですけど、僕らが考える嫉妬って、浮気されたら怒るとか、彼女がほかの男と仲良さそうにしてたらちょっと腹が立つとか、せいぜいその程度でしょ。

でもそれは実は少数派なのかもしれない。嫉妬が深刻な病気になってる人って、めちゃくちゃ多いんです。自分で制御できない、まさに病気です。

若いころ、僕はそれを知らなくて、みんな自分と同じくらいの嫉妬心だと思ってたんです。でも一回浮気がバレたときにさんざんな目にあいまして。ナイフで実際に太ももを刺されましたからね。

男女の痴話ゲンカが殺人に至ったりするのって、被害者側のほうがその病気をわかってないからだと思うんです。相手も自分と同じくらいの感覚だろって思い込んで適当に遊んでたら、えらい目にあっちゃったんだろうな。自分の恋人が病気じゃないかどうか、把握しておいたほうがいいですよ。

男女ともに、嫉妬心がハンパない人っていますよね。付き合う前に一番チェックしておくべきところかも。

大人の「こける」は危険

男・53才

子供のころってあちこち走り回って、転んだらヒザをすりむいて、赤チン塗って絆創膏をはっておしまいだったでしょ。そのせいで、特に大人の男って、転ぶってことを軽視しちゃってる。たいしたことないって。

でも大人が転ぶと、とんでもないことが起きるんですよ。赤チンレベルの怪我じゃすまない。

骨折ぐらい余裕であるし、腰は痛めるし、打ちどころによっては半身不随とか。周りにいないですか？

子供より大人のほうが体は強いはずなのに、「転ぶ」ってことに関してはやけにモロいんですよね。体重のせいなのかな。

だから段差とか雪道とか、大人は細心の注意をすることですね。なぜかおばちゃんは注意してるんだけど、おっちゃんは不注意な人が多いんですよ。少年時代を忘れられないのかな。

確かに、こけるこけないなんて意識したことないかも。肝に銘じます。

語り手が
同性の悪口を言うときは、
根も葉もない
ネガキャンであることが多い

男・45才

あなたが男性で、Aという女性と会話してるとします。そのAさんが、Bという女性の悪評を言うとします。あの子、陰でこんなことしてるんだよとか、実はこうこうなんだよとか。

その場合、Aさんの作り話であることが非常に多いんです。ほんの小さいことを大きくふくらませただけだったり、まったく根も葉もないことだったり。

根っこには嫉妬だとか、蹴落としたいとか、いろいろあるでしょうけど、同性の悪口ってのは話半分、いや10％くらいだと思って聞いたほうがいいです。

もちろん男女逆もそうですよ。男が男の悪口を、女性に向かって言ってるときも同じです。

このことを知らないと、つい信じてしまうし、怖いのは、知らないところで自分もネガキャンされてるってとこなんですよ。仲良かった異性が急に疎遠になったら、誰かにこれをやられてる可能性大です。

女の子と急に疎遠になったことあるわ。
根も葉もない風俗通いを告げ口されたのかも（根ぐらいはある）。

長い傘を買えば
梅雨入りにうんざりしない

男・44才

梅雨入りがどうしてユウウツになるかって、要するに濡れるからですよね。傘をさすのが面倒とか、散歩できないとか、理由をあげていけばいろいろあるけど、雨の日でも服やカバンが濡れないとしたら、梅雨なんてどうってことないと思いませんか？

なので親骨80センチ以上の傘を買ってください。親骨ってのは傘の半径に相当するとこですね。あそこが80センチあったら、普通の大人ならまず濡れません。

これで、びっくりするほど、雨がウザくなくなります。だって濡れないんですもん。

みなさんの傘ってだいたい70センチぐらいだから、一度80センチをさして驚いてみてください。

傘が大きければ濡れにくいなんて、当たり前のことなんですけど、こうやって確実にやってくるストレスをゼロにしておくだけで、人生変わるものですよ。

これを聞いてすぐに80センチ買いました。ほんとにストレスがなくて、むしろもっと雨降れよとまで思ってます。さしたいから。

大義名分で攻撃してくる人は私情を隠してるだけ

男・47才

これからする話は、家族とか上司とか、利害関係が一致する人のことではないです。あくまで第三者の人の話です。

あのですね。「法的に問題だ」とか「倫理的にまずいだろ」とかって、大義名分をかかげて攻撃してくる人っているでしょ。あれって、私怨とか私情で言ってきてるだけなんですよ。それだとみっともないと思って、大きい力を借りてきてるだけで。

自分に置き換えて考えるとわかります。たとえば、自分の好きな子が、既婚のおっさんに言い寄られてるとしますよね。下手したら、なびきそうな気配もある。

でも「俺が好きだから断ってくれ」って言うのは恥ずかしい。そこで大義名分の登場です。

「不倫なんてダメだよ。許されることじゃないよ」って。そういう言い方しそうじゃないですか？　こういう場面ってほんとに多いんです。ハメ撮り動画を売って儲けてる人に対して「倫理的にどうなのよ」って言うヤツとか。本音ではうらやましがってるのに。

とにかく人間って、そんなに正義を重んじるわけがないんですよ。

特に嫉妬してるケースで正義マンになる人が多いですね。気をつけましょう。

場所を動くたびに財布とスマホをチェックせよ

男・49才

場所を動くときには、必ずスマホと財布をチェックすれば最悪の事態にはなりません。だって人間の大事なものってその二つだけでしょ。傘やマフラーなんてなくしたっていいんだから。

会社を出るとき、タクシーから降りるとき、電車を降りるとき、喫茶店を出るとき。とにかく止まってた場所から、身を移動させるタイミングでは必ずです。駅員の指差し確認のようにね。

ポケットなりカバンなりをポンポンってすりゃわかるんだから簡単なことですよ。なのに財布にしろスマホにしろ、しょっちゅうなくす人っているでしょ。ちょっと考えられないんですよね。

僕なんか家族で出かけるときは、妻にも子供にも、「財布とスマホ!」って口うるさく言ってうざがられてますけど、おかげで誰もなくしたことないですから。

これ、歩いてる途中まで気になりだすと神経質になるので注意しましょう。

おっちょこちょいな人間は
すべて出口から考えよ

男・43才

自分、昔はおっちょこちょいだったんですけど、ある考え方で急にしっかり者になったんです。いや、ほんとに。

考え方っていうのは、たった一つ、「すべて出口から考えよ」ってことだけです。例えば冷蔵庫を買うときって、置くスペースを測って、左右どっち開きのほうが便利かを考えてから買いに行くでしょ？　あれも言ってみれば出口、つまり実際に使う状況をイメージしてから逆算してるわけです。最近のIT系家電の買い物によくあるんですけど、いいデジカメを買ったはいいけど、パソコンの性能が追い付いてなくてデータ保存できないとか経験ないですか？　うわ、全部買い替えんのかよーみたいな。

こういった買い物の場面だけじゃなくて、何か始めるときは必ず出口から考えるように意識するんです。

遊びも仕事も日常生活も。帰り遅くなりそうだから上着持っていこうとか、そのしょーもないことでも、常に先のことを想像する訓練をしておくと、おっちょこちょいは直ります。

デジカメのくだりが身に染みたのは、おっちょこちょいだからなんでしょうね。

想像で怒る人がいることを知っておくべし

男・56才

これから付き合っていく人が、想像で怒るタイプかどうかってのは知っておくべきだと思う。異性にしろ、上司にしろね。

想像で怒るっていうのは、たとえば、「昨日電話出なかったのは浮気してたからでしょ」とか「どうせ営業サボって喫茶店にいたんだろ」とか、そういうやつね。根拠はないけど、きっとそうに違いないって理由で怒ってる。

実は人間って、この想像で怒るほうが根が深くてさ、想像だけあってどんどん悪いほうに広がっていくの。たぶんこんな悪口言ってたんだろとか。

このタイプとうまくやっていくには、その想像を打ち消すだけの証拠を持っておかないと。アリバイ用の写真をこまめに撮っておくとかね。

ま、とにかくそういうタイプがいるってことは、知っておいたほうがいいよ。

女性にこのタイプが多いように思うのは、浮気疑惑を持たれすぎたせいでしょうか。

欲しいものが
手に入るとき
人は詐欺られる

男・56才

どこかの誰かが詐欺に騙された話を聞くと、僕らってすぐ「バッカだなー」って思うでしょ。なんでこんなのに騙されるんだろって。

でもそれって自分が関心のない物事だからなんですよ。健康になる浄水器でもいいし、アイドルに会わせてやるでもいいけど、とにかく興味がないから騙される心理がさっぱりわからない。

でも、ニューバランスのスニーカーが４割引きのサイトがあったら、詐欺サイトかどうか調べずに購入ボタン押しそうにならない？（注＝取材時インタビュアーはニューバランスを履いていた）

帰省ラッシュのとき新幹線の指定席が取れそうなら迷わずポチっとしちゃうでしょ。やっぱり人間って「欲しい」って思ってるときに警戒心がすっと消えてしまうんだよね。だから、欲しいものが手に入るって状況は、念入りに疑ったほうがいいんですよ。

オレオレ詐欺がいつまでもなくならないのも、こういうことなんでしょう。ニューバランス４割引きか。うん、買っちゃうな。

「気をつけて」は挨拶。
「ほんとに気をつけて」は
マジ

男・44才

どこか出かけるときに「それじゃ、気をつけて」って言われたって、誰もべつに気をつけやしないでしょ。挨拶みたいなもんだし、言う側もそのつもりだし。

でもたとえば子供だけで海に行くなんて出ていったら、「ほんとに気をつけろよ」って何度もしつこく言うじゃないですか。ただの気をつけろじゃなくて。

大人の間でもそうで、「ほんとに気をつけて」って言われたときは「これは何かあるぞ」って意味だと思わなきゃいけないです。ただの挨拶じゃなくて、ほんとに危険なことがあるんだなって。道がスリップするとか、暴漢が出るとか。

僕も一回、それでタイヤが脱輪して1日動けなくなったことがあって、狭い山道で。農家のおっさんがやけに気をつけろって言ってたのはそういうことかって。

「気をつけて」って、よく聞くセリフだからついオオカミ少年みたいに聞き流しちゃうけど、マジの心配かどうかは冷静に判断したほうがいいです。

いっそ挨拶の「気をつけて」を廃止してしまえばいいのに。気をつけるわけないんだから。

強い者のストレス原因になったら必ず何かやられる

男・51才

幼稚園の先生が園児を虐待したり、親が子を虐待したりって、しょっちゅうニュースになってますけど、起きるべくして起きてると思ってて。

人って、自分より圧倒的に弱い人間がストレスの原因になってるときは、そいつに全部ぶつけるものなんで。ニュースになってるのなんて氷山の一角ですよ。

これって自分が被害者にならないためにも知っておくべきですよ。大人の世界でも、自分より力の強い人間のストレス原因になったやつには、必ず何かやられます。

身近なところでは上司ですよね。ワンマン社長とか最たるものでしょ。とにかくそういう人のストレスにならないように生きないと、突然クビですよ。

児童虐待も、社長の横暴も根っこは同じなんだな。人間は大変だ。

電子マネーで生活すると浪費がいきなり減る

男・53才

数年前から「キャッシュレス決済」が浸透してますよね。現金じゃなくてクレカやQRコードで買い物しましょう、みたいな。

最初は懐疑的だったんです。歳のせいもあって、それまでニコニコ現金払いでしたから。だって現金じゃないと、どれだけ自分が使ったか、わからなそうでしょ？　電子マネーだと無限にお金が使えるような気がして危険だと思ってました。

でも、あるとき、気づいたんです。家に財布を忘れてしまって、定期入れにあった「Suica」だけで1日、生活しなくちゃいけなくなって。そしたらパチンコも立ち飲み屋も行けないんですよこれが。そうやって考えてみると、現金しか使えない店ってギャンブルとか一杯飲み屋とか風俗とか、無駄な出費ばかりですよね。

だから普通に生活するだけなら、電子マネーだけで十分なわけです。だってコンビニとかファミレスとか健全な店では使えますから。

今じゃ現金を持ち歩かずに生活するようになって、スゴイ勢いで支出が減ってますよ。


クレカで風俗とかも怖くてヤだもんな。

本気で家と会社の往復生活になりそうだ。

10年前のＣＭを見れば健康食品なんてバカらしくて買わなくなる

男・41才

ウチの親はテレビで健康食品とかダイエット食品のCMが流れるとすぐ買っちゃうクセがあって、台所にいっつも色んな商品が置いてあったんですよ。せっかく買ったのに飲まない商品もあったりして。で、お金がもったいないから、考えた末に編み出した方法なんですけど。

10年ぐらい前に流行った健康食品のCM動画を見せるんです。キチンキトサンとか、ギムネマ茶とかコエンザイムQ10とか、そういう商品のCMです。YouTubeでその懐かしいCMが簡単に見つかるので。

で、「あ〜、コレあったね〜」みたいな会話になるんですが、当時は日本人なら誰でも知ってるってレベルで有名だった商品も今はほとんど見かけないことに気づくんですよ。誰も買わなくなったから売られてないんでしょうけど。

ね、今は誰も買ってないんだよ、健康食品なんてそんな程度のもんなんだよ、って説明してからはテレビショッピング自体に興味がなくなったようです。ウチの親みたいな情弱のかたまりの年寄りでもわかってくれたんだから効果あると思います。

古くは紅茶キノコなんてのもあったっけ。
今をときめくしじみ習慣（取材当時）も10年後には姿を消すんでしょうか。

楽しいことを
ほどほどでやめた自分に
快感を覚えよ

男・46才

腹八分目だの、まだ楽しいうちに帰ろうだの、何事もほどほどがいいっていうのは昔から言われてることだけど、いざ実行しようとしてもなかなか難しいでしょ？　やっぱ人間ってのは楽しいことはとことん最後までやってしまいたい生き物なんですよ。結果的に後悔することがわかってても。ギャンブルだって、そこそこ勝ってるとこでやめればいいのに、ガンガン突き進むから最後に大負けしたりね。

だから僕が言いたいのは、ほどほどでやめた自分に快感を覚えようってことなのね。パチンコなら1万円ほど勝って帰るときに、その言葉を噛みしめるの。1万円でやめた俺、すげーよ。かっこいいよって。中途半端でやめて男らしくないぜ、なんて思う必要はないの。もうさ、男らしいっていうあの昭和の感覚こそが破滅への道だからね。

飲みに行ってもビール1本でやめて噛みしめるの。俺ってスマートだよ。紳士だよとかって。

そのうち、とことん行くよりほどほどのほうが気持ち良くなってくるから。そしたら健康にも財布にもいいことだらけだから。

トンカツ屋で死ぬほど食って
毎度のように後悔してる身にはありがたい助言でした。

ギャンブルの怖さは無駄金をギャンブル換算で使ってしまうところにある

男・34才

ギャンブルは金銭感覚を狂わせるってよく言われますけど、あれって別に高価な物をバンバン買うようになるって意味じゃないんですよ。そういう怖さはない。本当に怖いのは、明らかにムダな出費でもギャンブル換算して「ま、いっか」って思ってしまうことなんです。

たとえばどこかに出かけるとき、バスや電車なら数百円で行けるけど、面倒くさい、タクシーは楽だけど、3千円かかると。

こういうとき、パチンコ狂いはこう考えるんです。3千円なんてドル箱1箱より安いし、別に使ってもいいやって。そうやって面倒くさがる自分を納得させるんですね。

自転車を撤去されても、普通は撤去料を払って取り戻しますが、自転車を取りに行くのがかったるいので2万円で新しいチャリを買うと。2万円なんてドル箱4箱分だし、確変だせばすぐでしょって。そのくせ、さっきも言ったように面倒くささと関係ないところでは金は使わないの。逆に考えちゃうから。え、このシャツ5千円もするの？　パチンコ30分くらい打てるし、上手くいけば増えるかもじゃん、買うのやめとこって。

こうやってずるずる無駄金ばっかり使って、身なりに気を使わなくなっていくのがギャンブルの怖さなんですね。

確かにギャンブル場で小ぎれいな人は見たことがない。金をどう使おうと勝手ではあるけれど。

真面目でおとなしいヤツとは付き合うな

男・47才

うーん、そうだなあ。真面目でおとなしい性格の人間は本当は怖いってこと知ってました？　そもそも真面目なヤツって、そうじゃないヤツよりストレスを抱え込みがちなんですよ。どんなルールでもちゃんと守ろうって意識がつねに働いてるから。

法律的なものは言うまでもないですけど、他にも家庭での決まりごと、会社の規則とか、世の中、ルールだらけでしょ。それらを律儀に守ろうってんだから、そりゃストレスもハンパないですよ。

くわえてマジメでおとなしい性格っていうのは本人の気の弱さに原因があることがほとんどなんです。だから、他人に気分を害されても面と向かって反撃できないんですけど、これが彼らの本当に厄介な点というか。おおっぴらに立ち向かってくる代わりに、陰湿な手段で相手をおとしめようとするんです。ネットの掲示板で中傷したり、自宅にイタズラしたり。

高校生のとき、クラスの女子の家に人糞が投げ込まれる事件があったんですけど、その犯人がまさに真面目でおとなしそうなヤツだったんですよ。とてもそういうことをしなそうな男だっただけに、本当にショックで。

とにかくこの手の人間はストレスを抱えてるうえに、報復内容がエグいから、ハナから付き合わないことです。いつこっちに怒りが向かってくるかわかんないですもん。

怒らせないように付き合っていけばいいように思いますが、それはそれで疲れるんでしょうな。

深夜の散歩やドライブは孤独を愛する独身中年を作ってしまう

男・45才

えー、僕から言えるのは、深夜の散歩やドライブやらのソロ活動はやめとけってことですね。

なんでかっていうと、めちゃくちゃ楽しいからですよ。あの自分の世界にどっぷり浸かれる感覚は他では味わえないし、なんだか自分の孤独さに酔ってしまうんですよね。別の世界に落ちていくような感覚というか。

するとだんだん孤独である自分が、孤高というか崇高な存在に思えてきて、どっぷりハマっちゃう。他人と付き合うより、深夜に一人で出歩くほうがラクだしカッコいいし、イケてるなんて勘違いが始まるともう手遅れで、気がつけば、自己陶酔に浸る僕のような悲惨な独身中年の出来上がりです。

若者も油断すると、この楽しさから抜け出せなくなるので要注意ですよ。

深夜の散歩なんて退屈すぎて泣きたくなるけどな。
でもふわっと落ちていくような感覚はわからないでもない。

クレーマーには同じ立場になったふりで上の者の悪口を言え

男・38才

長年、コンビニでアルバイトをして習得したクレーム処理のワザはどうでしょうか。僕の勤務地は北関東の治安の悪い地域なんで、よくクレーマーが現れるんですよ。まあ、内容はいつも置いてあるスナック菓子がなかったとか、弁当買ったのに割り箸が入ってないとかしょうもないのばかりですけど、クレーマーってうざったいんですよね。すぐに「なんで品切れなんだ！！」とか言って大声をあげるから本当に迷惑で。

そういうクレーマーをどうやってなだめるかっていうと、一緒になって上司や本部の悪口を言うのが効果的なんです。

具体的にはこんなふうに対応します。

「そうなんですよねぇ。店長に仕入れてくれってお願いしてるのに全然聞き入れてくれないんですよ。本当にダメな上司ですよね～。バカなんですよ」

こんなふうにクレーマーと同じ立場で、共通の敵を作れば、クレームを入れるほうも怒るに怒れないわけです。

賢い戦法だ。
クレーマーもきっと同情してしまうんでしょうな。

週1ぐらいの趣味がちょうどいい

男・44才

人生を充実させるコツって何だと思います？　こういう質問をするとだいたい「趣味を作る」って答えが返ってくるんですけど、これだと半分だけ正解ってところですね。

正解は、週1くらいのペースで楽しめる趣味です。重要なのは頻度なんですよ。

毎日とか週3ペースとかじゃ多すぎるんです。それはもはや日常になっていますから、特別感がなくなっちゃうんですよ。趣味に没頭する楽しみが激減するんです。逆に月イチや月2ペースだと今度は少なすぎて、やっぱりこれも特別感がなくなっちゃう。

たとえばゴルフが趣味なら、コースに出た日はもちろん楽しいんですけど、終わってしまうと、次回のプレーはずーっと先のことです。とてもワクワクする気分にはならないですよね。

その点、週1ペースなら趣味で味わえる楽しみを持続させることができるんです。

ちなみに僕は近所の釣り堀に行くのが趣味なんですが、釣り堀から帰ってきて数日は大物のフナを釣り上げた余韻に浸れるし、それが薄れてきても次回の釣り堀デーが近づいてくるからワクワク感が湧き上がってくるんです。言ってみれば、常に楽しい気分でいられるというか。とにかく、いやでも充実した毎日を送れますよ。

実に凡庸な人生訓だが、こんなものにこそ真実は含まれている。月イチじゃ物足りんもんな。週1のサウナでも趣味にしようっと。

トイレの隙にそいつの話題を出すと必ず空気でバレる

男・48才

友達とかと飲んでて、トイレに立ったとするでしょ。で、戻ってきたとき、ちょっと変な空気を感じることあるじゃない。あ、今、こいつらオレの話題でしゃべってたなって。もうあれってほんのわずかな気配でも気づくよね。顔色が変わるとか口をつぐむとか、そんなわかりやすいのじゃなくて、ほんっとに小さな静寂とか目の動きとかでもわかっちゃう。人間ってあの察知能力はすごいんだよ。

なんだよって問い質したら、たいていシャツがダサいとかその程度の悪口なんだけどさ。むにゃむにゃゴマかされたら気分悪いじゃん。

だから逆のときも、絶対に気づかれてるって思っとかなきゃ。どんだけ頑張ってゴマかしてもあの空気は１００％バレるから。シャツがダサい程度ならいいけど、「あいつヤリマンなんだってさ」なんてことしゃべったら、あとで取り繕えないからね。

トイレの隙ってついついそいつの話題を出したくなるけど、調子に乗って決定的にマズイことは言わないようにしなきゃね。

一番よくないのは、本人が気づいていて、それをこっちも察知してしまって、でも触れられることなく時間が流れていくパターンです。居心地、かなり悪いです。

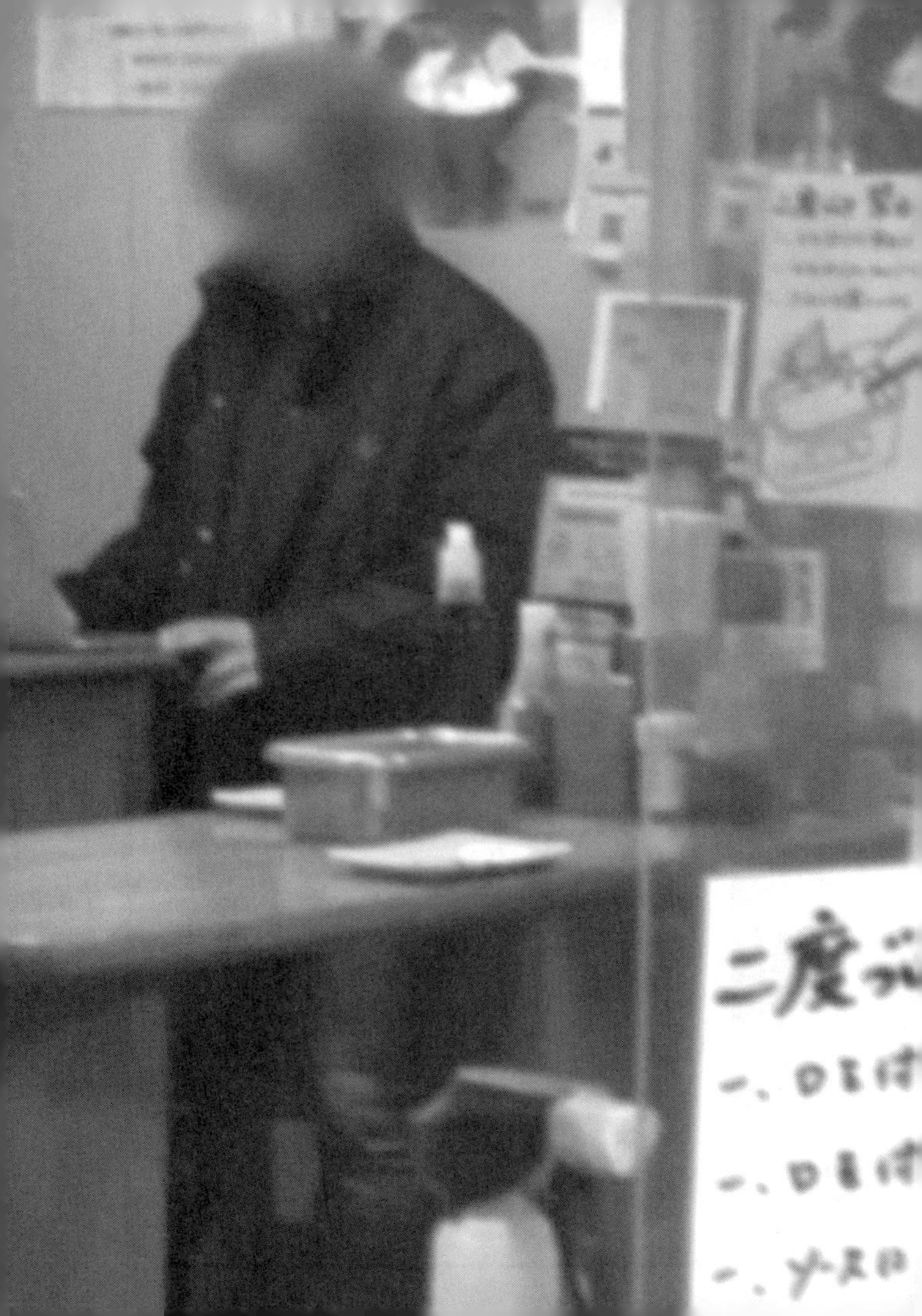
二度

目的のメシ屋が休みだったらまったく別のものを食え

男・45才

今日の昼飯はちょっと高いけどあそこのウナギを食うぞ！　なんて出向いてみたら臨時休業だったってことがあるでしょ。そんなとき「もうウナギの口になってるから少し歩いて別のウナギ屋に行こう」と思っちゃうと、まず失敗します。最初に期待してたのとのあまりの落差に沈み込むくらいですよ。

別にラーメンでもカレーでも一緒です。「口になってるから」って理屈で、強引に別の店の同じメニューを食べても、やっぱ最初の店には敵わなくて、口は満足しないわけです。せっかく口に従ったのに。

結局あの「口になってる」って言いまわしは「その店のウナギの口になってる」であって、ウナギなら何でも来いって口じゃないんですね。ということで目的の店が休みなら、まったく別の種類の店に向かうべしという結論になります。

わかりすぎるくらいにわかる。これ、回転寿司から回らない高めの寿司に変更したときでも起こる不思議な現象で、やはり当初の目的の店じゃなきゃダメなんですね。

画用紙に
現時点での楽しみを
乱雑に書いておくと
憂ウツな気分にならない

男・49才

今の時点でどんな楽しみが控えてるか、大きな画用紙に書いておくんですよ。明日の外食とか、週末のキャンプとか、正月の旅行とか、とにかく楽しみだと思ってることなら何でもいいから。明日ケーキを食う、とか小さいことでもいいです。木曜のドラマとか。毎日のことなので減ったり増えたりしますよね。終わったらバツで消して、予定が増えたら追加で書き込みます。

そうやってしてると、なぜか不思議なことに気持ちが前向きになるんですよ。憂ウツな気分がなくなるんですね。たぶん、常に楽しみを意識するから自然と気持ちが上向くんでしょうけど。

これ、私がウツ気味のときに友人から教えてもらった方法で、今でもやってます。ポイントは清書しないこと。乱雑にあちこち書くぐらいのほうがワクワクします。常に10個ぐらい書いてあると、気分がいいもんですよ。

よし、やってみよう。今夜はあそこのカレー、明日はあそこのラーメン、おやつにシュークリーム、夜は餃子…食い物ばっかり書いててもいいんでしょうか。

むりやり勃起させれば緊張は和らぐ

男・35才

大事な会議の前には、トイレこもっちゃうくらいに緊張しいな性格に悩んでまして…。先日あった社内プレゼンの前にも、どうにか緊張を和らげたいなーと思いつつ、いつものようにトイレの個室で、スマホをポチポチして気持ちを落ち着けてたんです。この辺は共感してくれる人もいるんじゃないでしょうか。

でね、そのとき偶然ツイッターに好きなグラドルの写真が流れてきて、ちょっとムラムラっとしたんです。もちろん会社のトイレでやっちゃダメだとは知りつつ、チ●コをイジッてしまいまして。

ここからが不思議なんですけど、チ●コが硬くなるにつれて、なぜか緊張が解けてきたんですよ。緊張より、ムラムラが勝ってしまったというか…。

もちろん、射精するほどじゃありませんよ。勃起してるだけなんですけど、ピシャリと緊張が収まってるんです。不思議でしょ？

人間の脳って緊張と興奮が共存できないんでしょうね。逆パターンなら刺青だらけの女性に勃起できないみたいに、どっちかが勝つとどっちかが負けちゃう。

だから緊張してしょうがないときはトイレで強制的に勃起させるのがいいですよ。

極度の緊張時に、果たして勃起できるのか。
かなり強めのオカズをスマホに入れておかねば。

第3章

女好きのインテリジェンス

被害者アピールの女性はオトしやすい

男・44才

女だけにやたらと嫌われる女っているでしょ。そういう女はオトしやすいって話なんですけど、その前にどういう女が嫌われてるか、見抜かないといけないですよね。よく、男に媚びる女がそうだって言われますけど、いまひとつ、男からは見えてこないんで。

女に嫌われる女の共通点がわかったので、教えてあげましょうか。それは大勢の前で「自分は被害者だ」ってアピールすることなんです。といっても、自動車でもらい事故を起こしたとかじゃなくて、人間関係において私が損な役回りになったとグチる女です。たとえば「誰それちゃんたちが一緒に行くっていうから、私はひとりぼっちなんだよね」っていう物言いです。

他にもよく聞いてみてください。同情を集めるような発言をするってのは、確実に女に嫌われます。

で、オトし方は簡単で、優しく優しく、とにかく優しくでＯＫです。


さらに言うと、みんなの前で同情を引くように泣く女性ってのも同性に嫌われ、なおかつオトしやすいと思われます。どんなコミュニティにも1人はいるので、探してみてください。

恥ずかしいプレイを望んで
嫌われることはない。
むしろ好かれる

男・45才

エッチのとき、赤ちゃんプレイをしたいとか、キ●タマを口の中で転がして欲しいとか、恥ずかしくて言いにくいことってあると思うんです。嫌われるんじゃないかって。

でも一度、逆の立場になってみてください。

彼女が恥ずかしそうに「目隠しして欲しい」とか「クリをつねって欲しい」なんてお願いしてきたとして、嫌いになったりします？　むしろ愛おしくなりません？　自分にだけ願望を伝えてくれたって。

同じことなんです。どれほど言いにくい願望でも素直に伝えたら、むしろ好かれるんです。やってくれるかどうかは別として。

最後の、やってくれるかどうかは別ってとこが引っかかります。
やってくれないと気まずくないすか？

誰それの熱烈な女性ファンは口説いても時間の無駄

男・40才

ある特定のタレントなり選手なりを熱狂的に応援してる女性ファンっているでしょ。アイドルでもいいし、中年の俳優でもなんでもいいんだけど。なんなら宝塚の同性でも、架空のアニメキャラとかでもいいし。

いい歳して、っていうのは二十歳を越えてってことだけど、そういうファン気質の子って、どうも恋愛に乗ってこないというか、うまく口説けないのよね。経験上、親密になれたことがない。

別に応援してる対象だけが好きだからって意味じゃなくて、きっとあの人たちって、現実があまりにつまらないからあーなっちゃうんじゃないかと。現実の恋愛とか全然おもしろくないしって。

だから「誰それのファンです」なんてハッキリしてる子は、口説いても時間の無駄で終わるんじゃないかな。ご飯は食べれるけど、その先はないだろな。


たまに婚活パーティにもいたりしますが、本人もむりやり参加してる感があります。ほどほどのファンを狙いましょう。

恋愛がうまくいかない人は付き合い始めのパターンを変えよう

男・48才

男女の付き合いって、たいていどちらかが強く惚れてて、片一方はそれほどでもないとこから始まるでしょ。共に嫌いなら始まらないし、共に好きなんてドラマみたいなことも滅多にない。

で、恋愛がうまくいかない人、長続きしない人って、いつもどちらかのパターンばかりで付き合い始めてるんですよ。言い寄られて「まぁいいか」って始めるか、自分からグイグイいくか。いつもパターンにはまってるから、毎回飽きたり、フラれたりするんです。

だから恋愛下手な人はパターンを変えてみたほうがいいんです。自分から好きになるってなかなか楽しいんだなとか、惚れられてる恋愛ってラクだなとか、新しい世界が見えるんで。こっちのほうが自分に合ってるなって気づいたりもして。

でもこれって、男性より女性に向けたアドバイスになるのかもね。

わしら、グイグイいかんと始まらんからなー。
で、いつもすぐ飽きるんだよなー。

女性にドジキャラいじりをしてから「好き」と言えば落ちる

男・40才

10代や20代のころの自分に教えてやりたいことがあって、いわゆる女性のオトし方なんですけどね。これ、びっくりするくらい簡単なので、ぜひ使ってください。

まず最初は女性をいじるんです。いじるというのは、悪口ではないです。例えば「またお菓子食ってんの！」とか「どんだけ方向音痴なん！」とか、相手を愛すべきドジキャラにするってことですね。ここ重要です。本気で気分を害しちゃダメ。

で、その関係性のまんま、あるとき急に「好きだ」と告げると。これだけです。

これねー、理由はわからないんだけど、おもしろいほど上手くいくわけですよ。アメとムチじゃないけど、やっぱ二面性ってことなのかな。ま、理由がどうであれ、使えるなら使ったほうがいいですよね。


「いじり」の部分にテクニックが必要そうです。隙のない女性はどういじればいいんだろ。

同性に「ああ、あの子ね」と意味深な顔をされる女性はサセ子

男・42才

これ、説明が難しいんで、よくイメージしてくださいね。

まず、そもそもですけど、女の中には男に誘われると、ついつい体を許してしまう子がいるという事実を知ってください。淫乱とか性欲が強いとかじゃないです。男の求めることを素直にしちゃうってだけの、悪気も何もない女です。べつに頭が弱いわけでもない。

ぜんぜん珍しくないですよ。女なら知り合いに1人はいるんじゃないかな。そういう情報って同性の間では広まりやすいんですよ。

ここからが重要なんですが、そういうサセ子ちゃんって、他の女の話題に上るときに、一瞬ある独特の表情をされるんですよ。この説明が難しい。

ふっと鼻で笑うような、「ああ、あの子ね」と軽く扱われるというか、あるいは名前が聞こえなかったみたいに流されるというか。わかりますかね。難しいなこれ。サセ子体質なことを知ってて、でもそれをバラすわけにもいかなくて、そういう顔になるんでしょうね。

だから我々男はその表情を見逃さなければ、サセ子にたどりつけるってわけです。

説明の難しさ、わかります。あの微妙な表情ですよね。
なにか言いにくそうにしてる、あの表情ですよね。

女性は50代に最後のモテ期がくる

男・53才

なんでそんなオバさんになってからモテるの？　って疑問だろうけど、理由はシンプルで、要するにナマでできるから男が寄ってくるのよ。50代って生理が上がっちゃうからね。

ぼくの同期の50代たちも、ほんと遊びまくってるからね。本人が言ってるんだから。「みんなナマでできるから喜んでる」って。

だからまあ、いま40代ぐらいで不遇な女性も、もう少し待てば最後にひと花咲かせられるから、あきらめずに待ってましょうってことだね。

寄ってくる男たちってのも、すごい嗅覚だな。
世の中、こわい～。

女性だけの仲間内で「さん」付けされてる子はイジってやれば喜ぶ

男・49才

周りにいませんか。女の仲間内でなぜか1人だけ「さん」付けされてる子って。他の子たちは下の名前呼び捨てとかニックネームなのに、1人だけ「あーこさん」とか「まみさん」なんて言われてたりするパターンです。

先輩とか親しくないとかじゃないです。親しいのに、でも「さん」付け。これって要するにイジりにくいキャラなんですよね。怒らせると怖そうとか、なんか貫禄があるとか。ほんのりビビられてる。思い当たる人いるでしょ？

だから逆に僕らはそういう子をイジってあげると、すごく喜んでなびいてくるんですよ。太ったなとか、ケツでかいなとか。覚えておきましょう。

2人思い浮かびました。どちらも大柄で、確かにビビられてそうです。イジるのも怖いよ…。

390
420

表現者をオトしたければ
作品を好きだと言え

男・50才

以前に、作家なり音楽家なりの、いろんな表現者の恋愛を調べたんですよ。男女問わずに。

そしたら、作品のことを好きだって言われてお付き合いに至ったパターンが結構あるわけです。あなたの文章が好きです、みたいな。まあ、言われた側も悪い気はしないですよね。

だから若い人に教えてあげたいのは、もし好きな人が、音楽なりコスプレなり漫画なり、とにかく何かを表現しようとしてる場合は、その作品に惚れたことにすればモノにできるんじゃないかなと。

そこまでじゃなくても、作った料理を好きだと伝えるとか、とにかく相手が生み出したものを褒めるってのが大事だと思いますよ。

この方の話を聞いて、ある女友だちのことを思い出しました。彼女、まったく同じ手法でそこそこ有名な芸術家をカレシにしたんです。大正解のアプローチだったんですね。

凄いと言われるより、言うほうがモテる

男・45才

男ってついつい「凄い」と言われたがるし、そのほうがモテると思いがちだけど、あれはまったくの逆で、凄いって言ってあげるほうが好かれるんですよ。

たとえば女の子としゃべってて「凄いですねー」なんて言われても、そんなのまったくモテにはつながってないわけです。キャバクラみたいにいい気分にはなるだろうけど、それだけですね。

逆に女の子のことを「凄いね、凄いね」って賞賛しておくと、結果的に好かれて、いい思いができる。

こんなの当たり前のことなんですけど、うっかり忘れがちなんですよ。油断して、楽器ができるとか、どうでもいい知識とかを披露して、凄いと言われたがってしまう。

常に意識したほうがいいですよ、凄いと言われたらダメ、言う側になるんだって。

常に意識しておく、ってのが大事だな。
ク●ニテクとか、うっかり自慢しちゃうしなー。

変態的なプレイでも名称があればやってくれる

男・52才

普通に食ってきたけど、名称までは知らなかったって食い物ない？　俺、アヒージョって40越えるまで知らなかったのよ。ちょくちょく食べてはきたけど、そんな名前があるなんて知らなくて。パンに油つけて食うもんぐらいの意識で。男は多いと思うのよ、そのパターン。いちいち名前なんて知らなくても、うまいもんはうまいんだから。

でも女って、まず知ってるよね。食べ物の名前たいてい知ってる。別に女が物知りってわけじゃないじゃない。なのにあいつら、食べ物のことだけは知ってるんだよ。要するによくわからないものを口にするのは不安ってことなんじゃないかな。名前があって初めて安心できるというか。

何の話をしてるかっていうと、ここから下ネタになるんだけど、変態的なプレイでも名称を教えてあげると、やってくれやすいの。

たとえばお尻の穴を舐めてもらうときは、「アニリングスして。アニリングスってのはお尻の穴を舐めるプレイだよ」って教えてあげる。そしたら「あ、ちゃんと名前があるってことは、公に認められた安全なプレイなんだ」って安心してペロってなるわけ。フェ●チオも名称が定着してるから、みんなやってくれるんだと思うんだよな。

アヒージョのクダリは必要だったのかどうか？
アニリングスかぁ、言えるかなぁ…。

似てる芸能人の名を出すと女性が勝手にその芸能人のイメージに近づけてくれる

男・37才

合コンとかの飲み会で似てる芸能人の話題になることってよくあるじゃないですか。僕を含めたブサメンの男たちって、お笑い芸人とかの名前を挙げることが多いと思うんです。ほら、ギャグ担当ですよ！　みたいなアピールで。でも、それ絶対NGです。似てる芸能人を聞かれたら、どんだけブサイクでもいいから、アーティストとか俳優の名前を言うべきなんです。

例えば三浦大知ってわかります？　歌って踊れる人気アーティストですけど、ルックスは正直ビミョー。顔だけでモテるタイプではない人です。

僕は似てる似てないの話題になったら、必ず彼の名前を出すようにしています。顔が似てたところでモテそうにないんですけど、これが面白いことに、女子が勝手に三浦大知のイメージに近づけてくれるんです。

歌が上手そうとかスタイリッシュだとか、三浦大知のプラスポイントが僕に加算されていくと。ほんと勝手に華やかなイメージを持ってくれるんです。

だから、似てる芸能人の話題になったときのために、女性から人気のある俳優やミュージシャンを用意しておいてください。少しでも似てる箇所があれば大丈夫です。

じゃあ香川照之ぐらいにしておくか。
どんなイメージに近づけてくれるんだろう。

女性への告白は
その子の
女友達の前ですれば
成功率が上がる

男・41才

好きな女性ができたときに、どうやって好意を伝えたらうまくいくのかって話をします。

まあ、普通は好きな相手と二人きりのときに告白するのが基本ですよね。でもそれは、ギャンブルですよ、やっぱ。

うまくいく確率を上げるためのちょっとしたテクニックがあって、ポイントはその子の女友達です。できれば社交的でお調子ものみたいなキャラだといいんですが、その子の前で好意を伝えてみるとどうなるか。

たいていそういう賑やかな子って、愛の告白めいた場面に遭遇すると、囃し立てるんですね。きゃーすごーい！　へえ、そうなんだーって。

やっぱり女の子って同性の友達の言うことを信じやすいっていうか、真に受けるっていうか、意見に流されやすいので、そんなに好きじゃなくても、ま、悪くないかなってなっちゃうんですよ。コレ、特に学生さんにはおすすめのテクなのでぜひ。

姉妹でも成功パターンを知ってます。妹が囃し立てて、お姉ちゃんがその気になった現場を目の前で見ました。

モテグループの下っ端より
ダサグループの
上位のほうがモテる

男・38才

彼女を作りたいって下心で社会人サークルに入ったことがあるんですよ。30才くらいのときかな。でもこれが大失敗で。周りの男は広告代理店にいそうなヤツばかりだし、活動内容もフットサルか六本木でダーツでしょ。僕が入り込める余地なんて皆無ですよ。しばらく行事に参加してたんですが、女の子たちもぜんぜん寄ってこないし。

なんだ、社会人サークルなんてのもしょせんはこんなもんかってあきらめてたら、次にネットで見つけたとこは、どうも様子が違って。写真を見てもダサ男とダサ女しかいないんです。ここなら戦えるかもと思って。いざ行ってみたら大学を出てるってだけで凄いみたいな扱いで。法政でですよ？　男たちはファッションがダメダメだし、仕事も非正規とかだし、おまけにしゃべりもつまんないしで、こんな僕ですらイケてる男に分類してもらえるんですよ。女子も、まあ可愛くはないけど、関心を示してくれて気分がいいいし。

結局、モテようと思ったら、モテグループの下っ端にいるより、ダサいグループの上位にいるほうが賢明ってことなんですね。

女性はコミュニティの上位男に心酔するものである。ただし他にもっと華やかなコミュがあることを知らさぬよう注意が必要だ。

歳を取ると手の届く範囲の女性を好きになる

男・63才

昔は胸も尻も大きい、ボディラインのくっきりした女性が好きだったのに、ここ数年はポッキリ折れそうな華奢な女性もいいなって思い始めて。かといってボインちゃんがイマイチになったわけでもなくて。

顔もそうなの。美人タイプが大好きだったはずが、ここんとこ大久保佳代子みたいなタイプに欲情してて。もちろん美人も大好きだけどね。

こう考えると、女性の好みって追加されていくんだなって。しかもベクトルとしては手の届く範囲のほうへどんどん広がっていくというか。頭が勝手にそう命令を出してるのかもしれないね。あんな高嶺の花より、もっと身近な存在を好きになっておけって。

だから歳を取ると、どうでもなかったおばちゃんのことを急に好きになったりするんですよ。友達にもしちょっと野暮ったい女性がいるなら、疎遠にならないように連絡を取り合っといたほうがいいですよ。

248ページの人生訓にも似てます。あっちは「背景」ですが、こっちは見た目すら好きになるというご意見でした。人生の先輩のお言葉なので本当なんでしょう。

セフレにセフレと気づかせないためにはメシを1時間かけて食え

男・45才

セフレができたのに、すぐ逃げられてしまうことってよくあるじゃないですか。あれって多くの場合、原因はひとつなんですよね。いかにもセフレだよねって態度で女性と接するのがよくないんですよ。だって大抵の女性は自分のことをセフレだなんて思ってませんから。彼女か、少なくともそれに近い存在だって信じてるわけです。女性ってそういうもんなんです。

じゃあ好きだよとか愛してるよとか言えばいいじゃんって思うかもしれないですけど、そんなのついつい忘れちゃうでしょ。覚えておくことは簡単です。たったひとつだけ。

一緒にメシを1時間かけて食う。

これだけです。これさえ忘れなければ大丈夫です。メシ1時間ってのはそこそこ長いですよ。昼だったらパスタ食って、デザート食って、コーヒー飲んだあとにダラダラしゃべってようやく1時間ですから。

正直、じゃまくさいけど、女性ってホテル以外での時間が長いことで、セフレじゃないんだと安心するもんだから、これだけで「体だけの関係じゃない」って思ってもらえるなら耐えなきゃね。

高い料理でも、うわべだけの言葉でもなくて、メシ1時間。覚えておいたほうがいいですよ。

食い終わったら即ホテル、あるいは会ってすぐホテルで終われば解散。こんなことを繰り返してるあなた、すぐ改めましょう！

性的なことが嫌いな子にもウケる話術があれば本当にモテる

女・38才

女性にウケたいと思うと、どうしても口数が多くなって、しかもついつい下ネタなんかも出ちゃうでしょ。どぎつい下ネタじゃなくても、電車に巨乳の子がいてどうこう、ぐらいの軽いのとか。

でも実は私が思うに、世の中の女性の3割ぐらいは性的なことが嫌いな気がするんです。流れ上、求められてセックスしたこともあるけど、本音では何がいいのかわからない、できればしたくないって子が3割です。数字に根拠はないけど、かなりの割合でいるとは思います。結婚して子供がいてもですよ。

ウケたい、人気者になりたいって男の人は、そういう子も笑わせてやっと一人前だし、本当の意味でモテます。

聞いてればわかりますけど、男性がウケたくて話すトークの中身って、ほぼほぼ男女の性がらみなんですよ。スナック用トークとでも言うんですかね。

そこからいかに遠ざかるかが大事ですよ。若いときから意識してほしいですね。

ご自身もスナックで働いていて、もう辟易してるそうです。無意識でシモに走るのはやめ…られるかな?

第4章

思春期の悩み、止まらぬ食い気、女難の処方箋

バレンタインに
チョコを渡してる女子は
「渡せるキャラ」の
うるさい連中だから
もらえなくても気にするな

男・49才

　もうすぐバレンタイン（取材時）なので、青春してる中高生に大事なことを教えてあげます。チョコを一つももらえなくても落ち込まなくていいって話なんですけど。ぼくの中学時代って、誰が誰にチョコを渡したかって話がよく聞こえてきたわけです。

　その情報をノートにまとめると、渡してる女子ってのは、そろいもそろって「渡せるキャラ」なんです。わかります？　渡せるキャラって。いつも女子同士でキーキーうるさくて、アイドルの話ばっかりして、部活も真面目にしないような。で、地元のバカ高に進むんですけど。どこの学校にもいたでしょ、そんな集団が。

　一方で、ぼくの好きなおしとやかな子たちは渡してないんです、誰にも。というか、渡せないような控えめキャラの子だからぼくは好きだったんですけどね。

　もうわかりますよね。世の童貞男子くんが好きそうな女子は、誰にもチョコを渡しておりません。だから落ち込まなくていいんです。


バカバカしいようだけど当たってるのでは？　渡せるキャラの女子って魅力ないんですよね。てか、今でもバレンタインの風習って残ってるんですか？

開き直っていいのは本番中

男・52才

試験でもスポーツの試合でも、よく「ここまで来たらあとは開き直るだけ」って言いますよね。他人を励ますときだったり、自分に言い聞かせたり。

あれをね、本番1週間前とか前日とかに言う人がいるんですけど、絶対に間違ってます。開き直っていいのは、本番が始まってからなんです。だってもう努力のしようがないから。

でもまだ頑張れる余地があるなら、本番の1分前でもやれることは全力でやる。それが正解です。

というのも僕ね、大学受験のとき、ほんとに直前の直前に参考書の隅っこで見た文章がそのままテストに出たことがあって。遣唐使は何人編成だったかとかいうどうでもいい問題ですよ。そのとき、ああ、ガムシャラな頑張りって神様が見てるんだなって思いまして。

まあ、神様どうこうは置いておくとしても、開き直るのは笛が鳴ってからで十分なんですよ。

受験生諸君、心して聞きたまえ。いいですか、開き直るのは試験が始まってから。それまでは死ぬ気でジタバタすべきです。

1クラスに女子が20人いれば38の嫌いが渦巻いている

女・40才

女って怖いんですよ。だいたいの女子は、自分の周りに10人女子がいれば1人は嫌いですね。これ、どういうことかっていうと、女から女への対人感情が10あれば、そのうち1は嫌いってことです。

例えば、女の子2人がいたとしたら、その場の対人感情の数は2です。Aさんから Bさんへ、Bさんから Aさんへの2つですね。3人なら6になって、4人なら12です。数式で言うと、

人数
×
（人数－1）

の感情がその場にはあるんです。女子5人組グループなら、その中には20の感情があって、そのうち10分の1が嫌いなわけだから、誰が誰のことかは別としてとにかく2の嫌いな感情がそのグループにはある計算になります。表面上は仲良しのフリをしてますけどね。

学校の1クラスに女子が20人いれば、３８０の感情なので嫌いは38個です。教室に38個の嫌いが渦巻いてるんですよ。すごく怖いでしょ？　そんなの気づいてました？　女はみんなわかってますよ。

ま、こんなことを知ったからといって何も得はしないんですけどね。

得はしないけど、すごく参考にはなった。
会社でもどこでも、女が集まるところに嫌いあり、か。ゾゾッ。

ダイエットは楽しいことだけが続く

男・37才

ダイエットのために、水泳、ランニング、ウォーキングとかを始めても、苦しいと思ってることは絶対に続かないです。

炭水化物を抜くとか、晩飯をどうこうとかも、とにかく我慢だと思ってるようなことは続かない。せいぜい2カ月くらいなもんです。

続かずにやめると、体は絶対にリバウンドするから、その2カ月は無駄だったってことになります。

ダイエットは楽しいことだけが続くんです。スタートの段階で楽しいと思えないならやらないほうがいい。山歩きとか、バドミントンとか、野菜ジュースとか、最初から「これは楽しい！」と思えることを始めましょう。

ほんと、続かんですな。そのうち楽しくなるかも、なんて思いながら走っても、まずなりませんな。

体に悪いもんを
美味いと感じたら
人類は滅んでいたはず

男・50才

なんかさ、美味いもんってたいてい体に悪そうじゃない？　脂っこいのとかハイカロリーなのとか。で、だいたい体にいいものってのは不味いんだよ。根菜とか海藻とかさ。そう思うと人生つまんないよね。食いたいもん我慢して、しょーもないもん無理して食べて。

でもさ、よくよく考えたら、もし人間が体に悪いものを旨いと感じるような生き物だったら、とっくに滅亡してるはずなんだよね。なのに滅亡どころかこんなに文明を作って、寿命まで延びて、どういうこと？

結局、人間ってのは、本能に従ってりゃ大丈夫な生き物だってことなんだと思うのよ。肉を食いたきゃ肉を食う、ちょっと野菜も食っとくかって思ったら野菜も食う。そんな気分に従うことで、人類はここまで繁栄してきたわけだから。

だよなー。
心の声に従って今日もラーメンを食おう。

同じものを食べても自分だけ太る理由

男・45才

俺がこんなにみっともなく太ったのは、自分なりに理由がわかってて反省もしてて。よく夜中に脂っこいラーメン食いに行ったりしてたんですよ。そのとき心の中での言い訳が、この行列の人たちも食べてるんだし、たいしたことないだろって。みんな健康そうだし、普通体型だし、この全員が糖尿病になるわけでもないし。

でもそこに大きな勘違いがあって。その人たちって別に、自分と同じサイクルで動いてるわけじゃないんですよね。俺は週一でラーメン食ってたけど、その人らにとっては半年に一回のラーメンだったかもしれないわけで。

なのにあの人らがセーフなら自分もセーフだって勝手に思い込んじゃってて。

こういうことはよくあって、たまの付き合いだから深夜まで飲もう、みんな一緒だから大丈夫ー、ってのを自分だけはあちこちで繰り返すっていうね。他のみんなは年に一回ぐらいなのに、自分だけいろんなコミュニティで参加してるという。


風俗の待合室でも同じことを思います。これだけ客がいて俺だけ性病になるわけないだろって。でもなりますもんね。

女性がイライラするのは血に支配されているから

男・44才

あ、こういうのはどう？　何かの本で読んだんだけど、昔の人は、男は精でできていて、女は血でできてると考えてたんだって。体を支配するものが精か血かってことだよね。ここまでは本の受け売りなんだけど、次は自説ね。

なるほどと感心したんだよ。女がすぐにイライラするのは、血でできているから、内部で鬱血するってことじゃないかと。月に一度の生理ぐらいじゃ、上手く循環しなそうじゃん。逆に男は精を放出するから平気なんだなと。

嫁さんがイライラしてるときはこの説で納得するようにしてるんだよね。昔の人もきっと嫁のイライラで考えついたのかもしれないよね。


なるほど、男もオ●ニーを我慢するとイライラしちゃいますもんね。

リストカットする女性ってのは、血を出してイライラを解消してるってことかも。

女性が言う「一緒にいて楽な人」はすべてに同意する人のこと

男・39才

ようやくわかりました。よく女が言う、「一緒にいて楽な人がいい」ってやつの意味が。よく聞くでしょ、楽な人がいい、楽な人がいいって。どういう意味だよと思ってたんだけど、実は単純で。

その女と同じ意見の男が「楽」なんです。ケーキを食べたい、犬猫はカワイイ、小物を見て歩くのは楽しい。その手のことに「俺もそうだよ」と同意してくれる男が、イコール楽なんですよ。

俺は違うなって、古い男らしさを出してくる男は楽じゃない。ただそれだけのことだったんです。

つまり本音はまるっきり反対でも、すべてに同意見だと言っておけば、楽な人認定されてモテてしまうってことです。

何でも同意しろとはよく言われますが、あれって楽と思わせるためだったんですね。染み入るように納得できます。

被害者ぶる女はたいてい加害者

男・53才

女ってのは弱さを武器にする技術を、生まれつき持ってるんじゃないかと思ってて。よくあるウソ泣きで同情をひくなんてのもそうだけど、俺がよく引っかかってきたのは、被害者のフリをするってやつなの。

あの子たちに意地悪されたからやめましたとか、あの人にイジメられたのでどうこうとか、女の口からそういう台詞を聞いたことない？

俺なんて単純だから、あぁ可哀そうに、あいつらひどい連中だなってすっかり同情しちゃうんだけど、あとあと「あいつら」側の人間に聞くと、どう考えても悪いのはその女のほうなのね。明らかに加害者じゃんって。多いのよ、このパターン。

こうやって男を味方につけてうまく泳いでいく生き方ってのが、根っから身についてるんだよね。思い返せば中学生ぐらいから、もうそんな子いたもん。

被害者面する女ってのは気を付けたほうがいいよ。

結局は顔の美醜で信じるかどうかを決めてるフシもあります。
まったく、男ってやつは！

不倫するおばちゃんは独身時代にチヤホヤを経験したことがある

男・49才

ぼくの知り合いに、40代後半の女性がたくさんいまして、それぞれ、そこそこキレイではあるんです。メイクのおかげなのかどうか知らないけど。

そのなかで、不倫してる人の特徴ってのがあって、それは決して今が特別キレイってことではないんです。むしろ容姿的には普通かな。それより彼女らに共通してるのは、独身時代にチヤホヤされた経験があったってことなんです。やけにモテてたと。

やっぱり女ってのは一度そういう時期があると忘れられないんでしょうかね。女として扱われた快感が消えないのかも。

逆に若いころ地味だった人は、今がキレイでもそういうのには縁遠いみたい。

だからもしおばちゃんと不倫したいなら、独身時代のモテっぷりを聞けばいいかもね。

いいこと聞いたけど、
そんなおばちゃんどこにおるんだろ。

不倫が危ないのは
相手が
不倫するような女だから

男・48才

僕は、不倫は危険ですよってことを言いたいですね。

なんで危険なのかは明確です。相手が不倫をするような精神の女だからです。いいですか。相手は普通の女じゃないんです。男に奥さんがいるのをわかっていて、それでも不倫する女なんです。これがとても重要です。

悪いと思いつつも不道徳なことをやれてしまう女ってのは、やっぱり心のどこかが壊れてると考えないと。堂々とだろうがコソコソだろうが同じです。

なかなか会ってやれないときとか、いざ別れようとしたときに、その壊れた部分だ表に出てきてどえらいハメになるのが不倫というものなんです。

だから浮気をするときは、既婚ってことを隠したほうがいいのかも。

うん、きっとそうだ。

第5章

背中に哀愁を

大人になると、出来る自慢の男は女性に見向きもされない

女・34才

子供のころとか10代のころって、何かが出来る男がモテるでしょ。足が速いとか、ギターが弾けるとか、そういう男がキャーキャー言われてたわけですよ。で、そのときの経験とかコンプレックスが強いもんだから、男っていつまでも「出来る男」をアピールしようとするんです。ゴルフが上手いだとか、仕事ができるとか。そんな人いっぱいいるじゃないですか。

でも二十歳を越えた大人の女って、もう、そういうのには惹かれないわけです。出来たからどうなの？　って感じで。

むしろモテるのは「私にも出来るようにさせてくれる男」なんです。それは単純に、「教えてくれる人」でもいいし、「その気にさせてくれる人」でもいいし、「一緒にやってくれる人」でもいいんです。簡単に言えば「私を変えてくれ！」ってことなんですよね。

二十歳を過ぎたら、肝に銘じておきましょうね。

少年期の非モテコンプレックスがよっぽど根強いのかも。出来る自慢、無意識のうちにしてきた気が。

年齢に逆らおうとしてもモテない

男・59才

僕らみたいに50も過ぎると、老化に逆らおうとするおじちゃんおばちゃんが出てくるの。肌がどうのこうの、シミがどうのこうのって、とにかく若いころに戻そうとするんやけど、どうしても無理があるっていうか。川の流れに逆行してるわけやからね。不自然なメイクやらプチ整形やらするもんやから、やっぱり見た目も変なんよ。本人は若返ったと思ってるんやろけど。テレビにもそういう人たくさんおるよね。

あれをイイって言ってる人、見たことある？　おかしなもんで、イイと思ってるのは本人だけなんよ。

やっぱり、老いに逆らおうとしても無理なんよ。それより老いを受け入れて身なりだけ清潔にしとけばいいんちゃうかな。僕の周りの連中もモテてるのはそういう人ばっかりよ。皮膚を溶かしてシミを取ったりしてるおばちゃんは気味悪がられてるわ。

この年齢でもモテの概念があるんだな。だからこそ若返りを願うんだろうけど。

ほとんどの不調は睡眠が解決する

男・48才

体が弱ってるときも、心が弱ってるときも、とにかく寝れば治るって思ってます。逆に、寝ないと治らないとも言えますけど。

どこそこが痛い、はい寝よう。なにそれが心配、はい寝よう。こんな感じです。とにかくあらゆる不調は睡眠が解決するんだってことです。特に心の落ち込みは、まず寝ることですね。

迷うことがないから楽ですよ。何かあれば寝るだけなんで。

運動とか風呂とか、ぐっすり寝るための作業は全然やってもいいんですけど、他の細かいことは不要です。サプリだのなんだのはね。

何かあれば寝ると決めておくと、いちいち考えなくていいから楽ですね。さ、寝よっと。

何だって
体にいいとも
悪いとも言える

男・50才

毎朝スムージー飲んでるんですが、実は体に悪いかも説を聞いて落ち込んでいます。

ウォーキングは体にいいと言う人がいれば、ウォーキングは膝に悪いと言う人がいたり、酒は百薬の長と言う人がいれば、酒は寿命を縮めると言う人がいたり、もう何が正しいのかわからんよね。ていうかどれも正しいんだよ。

健康にまつわる世の中のすべてのことは、いいとも悪いとも言えるってことなんだろうね。

だから、何々がいいなんて情報に飛びつくのは、くだらないというかなんというか。お酢だのバナナだのヨガだの森林浴だの、あんなのも悪いって言い方、絶対できるからね。

この考えで生きてると、極端なことをしなくなるから楽なの。いい悪いを意識しなくて、その都度やりたいことをやるだけだから。歩きたきゃ歩くし、飲みたきゃ飲むし。

体力とは眠れる力のこと

男・67才

50才を過ぎるころから、仲間内では合言葉のように「体力つけないと」って台詞が交わされることになるんですけど、体力っていったい何だ？　って思いませんか。

イメージ的には、モリモリ筋肉がついてることとか、何キロも走れることとかになるんだけど、そんな人間にわざわざなりたくないでしょ、別に。

僕わかったんですよ。体力ってのは「眠れる力」のことだって。いつでもちゃんと眠れる、これが体のパワーなんです。

だから体力をつけるってのは、夜ぐっすり眠るための行動すべてとなります。お酒飲むことも風呂にゆっくり浸かることも、もちろん運動することも。人生後半戦は、そういう意識で体力をつけてください。眠った者が勝ちます。

体力って言われても、漠然としててよくわからんもんな。
とりあえず、今日は早めに寝ましょうかね。

体にいいことは
健康なときにしか
始められない

男・56才

調子が悪くなってから、体にいいことを始めても遅いってことは知っておくべきですね。悪い部分が良くなるかもしれないって言うかもだけど、違うんです。体が悪いとなにもしたくなくなるから、気持ちの面で手遅れなんです。誰がヒザが痛くなってからウォーキングしますか？　調子が悪いのにスムージー作ろうって気になれますか？　不健康なときって前向きな気持ちにならないでしょ。

だから体にいいことってのは、体が健康なときにすべきなんですけど、健康な人はわざわざそんなことしようと思わないんですよねぇ。もったいない。

今、ご自身が健康だったら、今のうちにとりあえず一つなにか始めてみればいいと思いますよ。


太ってから水泳とかしたくないもんな。腹見られるのイヤだし。困ったもんだ。

口説くときは文字で、ケンカは会って

男・48才

もうみんなLINEやメールで気づいてきたでしょうけど、文字のやりとりって、受け取る側が勝手に意味合いを増幅させちゃうんですよね。

「すぐ行くよ」なんてひと言でも、すごくあわてて走ってきてくれるようなイメージを持ったりね。送る側はそこまで考えてないんだけど。

とにかく受け取る側の気持ちが増幅するわけだから、たとえば女性を口説くときなんかは文字のほうがいいんです。些細なひと言でも、勝手に刺さってくれるから。

逆に、誤解を解かなきゃいけないときとか、ケンカなんかは、絶対に会って話さなきゃいけない。文字は怒りも増幅させますからね。

「そんな意味じゃないよ」って一文だけでもすごく怒ってるみたいに読めたり。

まとめると、好感情を持ってる相手には文字で、こじれたくない相手には会って、ということになります。

だからメールだけはやたらモテるナンパ師なんてのが存在するのである。
ラブレターの効果も言わずもがなだし。

知人と互いに褒めあえば タダで評判が上がる

男・50才

えっとね、社会を上手に泳いでいく方法を教えましょうか。それは知人とグルになって、お互いの評判を上げるって方法なんですけど。

簡単な話です。「あいつはすごく優しい」だの「支払いしてくれた」だの、とにかくポイントを上げるために、あることないこと広めてやるんです。こういうのは本人の口から聞くとただの自慢だけど、友人から聞くと「へえ～凄い」ってなりがちですから。

これをお互いにやりあえば、タダで評判が上がることになります。タダってのがいいでしょ。

お笑い芸人ってこれを巧妙にやってますよね。お互いに、相手を落とすようなことを言いあうことで、芸人としてのポイントは上げていってる。

とにかく金もかけずに評価が上がるなら、やったほうがいいでしょ。

相棒を見つけるのが大変そうです。
お互いにポイント上げようぜ？　って誘いにくい～！

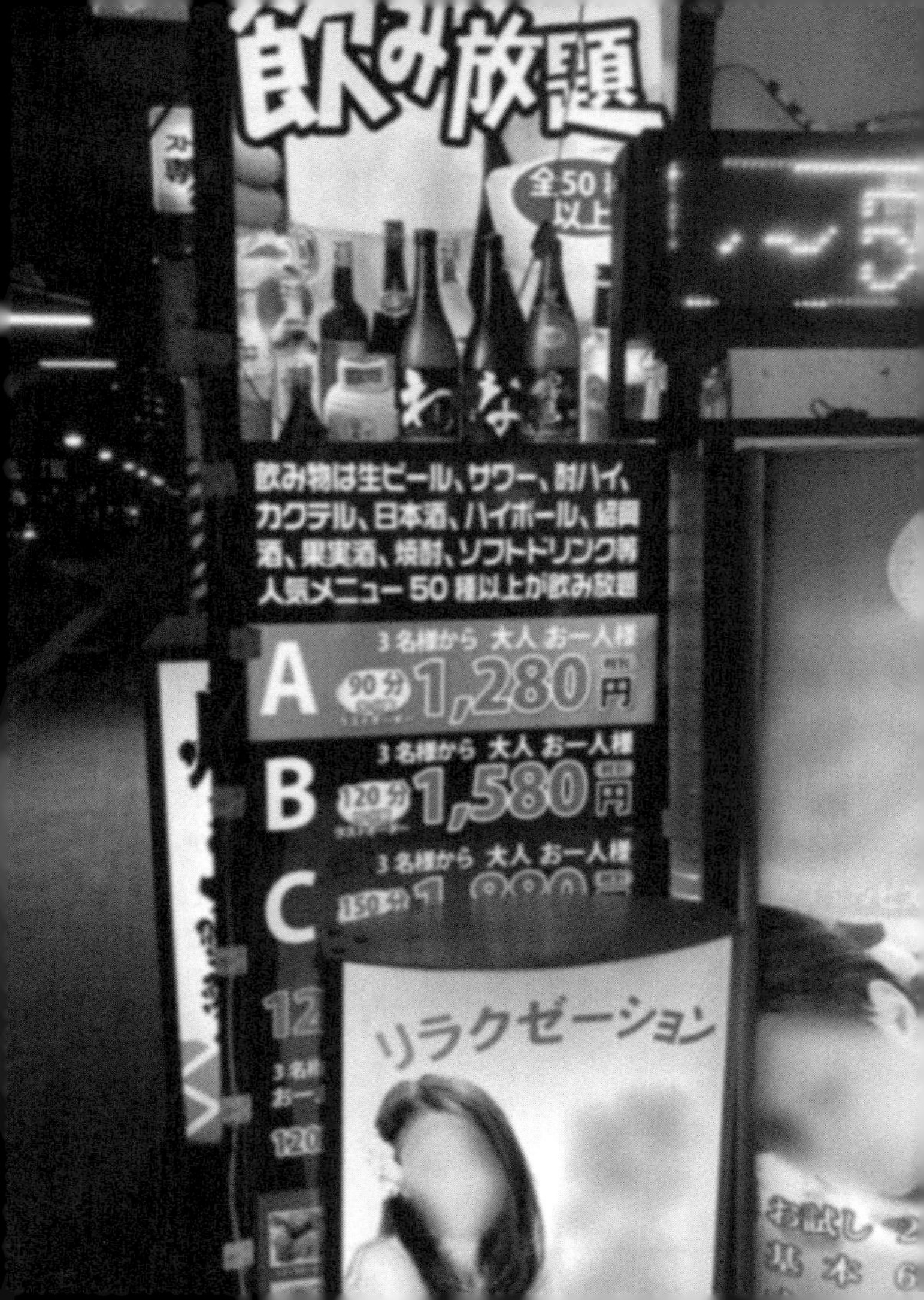

飲み放題
飲み物は生ビール、サワー、酎ハイ、カクテル、日本酒、ハイボール、紹興酒、果実酒、焼酎、ソフトドリンク等人気メニュー50種以上が飲み放題
A 3名様から 大人 お一人様 90分 1,280円
B 3名様から 大人 お一人様 120分 1,580円
C 3名様から 大人 お一人様
リラクゼーション
お試し

第6章

エロこそ正義だ!

死ぬ間際に後悔しないため生涯最高のエッチを決めておけ

男・78才

死ぬ間際に何を後悔するだろうなって考えたら、やっぱりもっとイイ女とエッチしておきたかったってことだと思うのね。まあ、家族には言えないから、自分だけでうじうじ悔やみながら死んでいくんだろうなって。

そんなの最悪でしょ。だから、その後悔をしないために、僕はもう人生最高だったエッチを決めちゃってるの。もうあれ以上のことは起きようがなかったんだって思えるほどの。

まあ、僕の場合は友達の奥さんとそういう仲になったときのことなんだけど、もう何度も思い出してるから、いつでもすぐ光景が浮かんできちゃう。おとなしい奥さんでね、どうして僕としてくれたのか今でも不思議でね。

死ぬときは、僕にはあの経験があるからもう何も思い残すことはないって、そう思おうと決めてるの。死ぬときに後悔しないってそういうことでしょ。

こんな発想、70才を越えなければ到底でてこないだろう。これから友達の奥さんを寝取りに行こうか！

ラブホのゴムを使ったセックスで女性を判断してはいけない

男・37才

ナンパでも出会い系でもいいんだけど、新規の女性と会い、いい感じになってラブホに行ったとします。で、セックスしたにはしたけど、まあまあだったな、みたいな感想のときってあるじゃないですか。それでもう連絡も取らなくなったりして。

あれ、実はラブホのコンドームを使ったセックスだったからって原因のことが多いんです。

普段からコンドーム持ち歩いてます？　普通は持ってないですよね。たぶんほとんどの男性がラブホ備え付けのゴムを使ってるんじゃないですか？　行きずりのセックスってたいていそうですよね。やっぱりナマでやらせてくれる女性とかオカモトゼロワンみたいな最新の極薄コンドームでヤッたときの相手って、見送ったあとにもう1回会いたいな、ってなることが多いんですけど、ラブホのコンドームでセックスした子とは、ま、楽しかったけど、もういっか、ってことになりがちなんですよね。

何が言いたいのかっていうと、その女の子にまあまあだと感じた理由はコンドームなのだから、もう一度、極薄コンドームか、ナマでヤッてみてから判断しても遅くないよって話です。


そういう意味でも、いついかなるときでも極薄ゴムを財布にしのばせておくべきなんでしょうな。

「あのとき
やっときゃ良かった」
という後悔は
実際にはやれる可能性など
なかったのだから
ソク忘れよう

男・42才

もっと色んな女の子とヤッときゃ良かった、とか、あのときヤレたのにヤラなかったのがもったいない、みたいなこと言うヤツっていますよね。ま、俺のことなんですけどね。よくこういったことを思い出して悔しい気持ちになってたんですけど、よくよく考えてみると、ヤル気になればヤレたと思ってるその子とヤレてないのは、そのとき、自分が最適だと思った行動の結果なんですよ。どう転んでもその行動に向かってたんです。だから実際には、最初からその子とヤルという選択肢はなかったのと同じことです。それをさもヤレたのにヤラなかった、機会損失だ、みたいに考えるから後悔するって発想になる。初めからチャンスがないなら後悔のしようがないですよね。残念だけど、それが真実なんです。

こんな感じで考えられるようになってから悔しくなくなりました。

まあ、そうなんだろうな。どんな後悔にもこれは当てはまるのかも。最適だと思った行動の結果か…。はい、何も言い返せません。

「人間関係で辞めました」
としか説明しない女性は
スケベな目で見てもいい

男・55才

女性限定の話なんやけど、バイト先でも職場でも、新しく入ってきた人に前職はなんで辞めたのかって聞く風潮ってどこでもあるやんね。

そのときに「いやー、人間関係がいろいろ面倒でー」みたいな答えが返ってくるやん。

そんなときは聞き返すんよ。「どういうこと？」って。

そしたら、「まあ、いろいろあるんですよ」ってはぐらかしてくる子と、いかにヒドイことがあったかを嬉々としてしゃべりだす子に分かれるわけ。

俺、思うんやけど、はぐらかしてくる人間関係のもつれって何？　ってことやねん。そんなん、ヤッたヤラれたの、すったもんだしかなくない？

ある女性が狙ってる男とその子が一緒にメシ食って、その女性にいじめられたとか、その程度なら説明すると思うねんな。「いやー、私は好きでも何でもないのに勘違いされて」とか。

つーことはやっぱ、実際にヤラれたことがあって、それがバレてーとか、その男が他でも不倫しててーとか、その種の出来事やと思うねんけどどやろ？

それならやっぱり言えへんわな。人間関係で辞めましたの一言で済まそうとするわな。つーことはスケベな目で見たったらええねん。こいつ、ヤラれよったんやなーって。俺でもヤレるかもなーって。


なんと強引な！　でも人間関係ってそういう意味も含まれてるんだろうな。

歳を取ると
初対面の美人より
背景を知ってる女性に
興奮する

男・49才

ちょっと前に、高校時代からの女友達と久々に会って飲んだ勢いでホテルに行ってヤッちゃったんですよ。それがものすごい興奮だったんです。その子、ぜんぜん美人じゃないんですよ。でもキャバ嬢をアフターで口説いてうまいことヤレたときの何倍も興奮したんです。

なんでかっていったら、やっぱりこの子のキャラっていうか、歴史や背景がわかってるからですよね。

若いころはとにかく初対面でもなんでも、美人に心が動くもんだけど、歳食ってくると、そういう背景とか背負ってるものに興奮してくるんですよ。美人でスタイルが良くても初対面だったら味気なくて。

だから、身の回りにあんま美人じゃない女友達がいたら、大事にしておいたほうがいいです。いつの日か、すごいご馳走に変身しますから。

背景か。思い出と言い換えてもいいだろう。だから中年の同窓会は不倫の温床になるんだろうな。

女性を酔わすには
強い酒ではなく
弱い酒を
のんびり勧める

男・40才

よくあるナンパ指南書みたいなので、飲みやすくてアルコール度数の高い酒が紹介されることあるよね。

「ロングアイランドアイスティー」とか「スクリュードライバー」とか、そのへんのやつ。まあたしかに度数の高い酒をたらふく飲んでくれたら楽勝で酔っぱらってくれるわな。

でも、いざ実践ってなると、あんまり飲まないっしょ、女って。いくら飲みやすいといえど、度数が高けりゃ、アルコール臭はするわけでさ。それを無理やり飲まそうとしたら空気が悪くなるしで、もう最悪じゃん？

だから口説くときは弱い酒をのんびり飲ますべきなの。度数でいえば5％くらい。こっちのがむしろ飲むペースも上がるし、女も気持ちよく酔ってくれて口説きやすいわけ。

なにも強い酒なんて必要ないよ。


弱いカクテルをたっぷり奢らされバイバイされることもあるので、注意は必要かと。

デリヘルを3人呼んでも
ハーレム気分にはなれない

男・45才

何年か前にパチンコで大勝ちしたときに、どうせあぶく銭だし、金持ちみたいに遊んでやろうって思って、風俗嬢3人呼んでみたんですよ。ハーレム遊びだ〜！　みたいな。よく映画とかで金持ちが美女を何人もはべらせてるシーンがあるでしょ、あれをやってやろうと。

ホテル代と合わせて8万ぐらい払ったのかな？　で、いざ4Pが始まったわけなんですけど、何か満たされないんです。

もちろん、目の前に女性の裸が3つあるのは事実なんだけど、そんなに楽しめていない自分がいるんです。

たぶん、8万円分の元を取らなきゃって、あせってたからでしょうね。あれもやりたい、こんなのもやりたい、他にもやり残しはないかってずっと考えてる。

悲しいかな、これが本当の金持ちと貧乏人との違いなんでしょうね。

金持ちってのは余裕があるからあせらない。だからゆったり楽しめる。ハーレム気分ってのは、その余裕も含めての気分であって、女の子を3人呼べばいいわけじゃないんです。

確かにあせるだろうな。体位ひとつでもかなり頭を使うだろうし。むしろ苦行かも。

永ちゃんの台詞を
頭の中で妄想すれば
なんでも正当化できる

男・58才

永ちゃん、知ってるよね？　矢沢永吉のことね。俺さ、永ちゃんのファンになってずいぶん長いんだけど、あの人のファンになって良かったなって思えることのひとつに、なんでも正当化できるテクニックを身につけたってのがあるわけ。

たとえば夜中にケーキを食いたくなるときがあるじゃん。食えば確実に太るのはわかってるんだけど、どうしても食べたいと。そういうときは頭の中で永ちゃんの顔を思い浮かべて背中を押してもらうの。「夜中にケーキを食べたいってのはピュアな心の叫びでしょ。矢沢だったらそのケーキ、躊躇なく食うね」とかって。

もちろん、永ちゃんはそんなこと言わないよ。あくまで俺の妄想だからね。でも頭の中の永ちゃんにあの口調で励まされると、ケーキを食っていいんだなって本当に安心できるの。それだけ永ちゃんのことばにパワーがあるってことだよ。だから給料日前にソープに行きたいなってときも、あの人の力を借りれば余裕だよ。「ソープ、大好きだね。小遣いがない？　それがどうした。矢沢はサラ金で借金してでもソープに行くよね。よろしく」って妄想すれば、もう吉原に直行だし。

とにかくこんな調子で後ろめたいことをなんでも正当化できちゃうから、毎日が楽しくて仕方がないんだよね。永ちゃん、本当にありがとう！

永ちゃんにそんな便利な利用法があったとは！
これ、他の人じゃピンとこないけど、永ちゃんならイケそうかも。

鳥貴族《トリキ》で飲める友人が1人いれば、人生は勝ったようなもの

2025年4月28日　第1刷発行

編　者　　裏モノJAPAN編集部
発行人　　尾形誠規
発行所　　株式会社 鉄人社
　　　　　〒162-0801 東京都新宿区山吹町332 オフィス87ビル3F
　　　　　TEL 03-3528-9801　FAX 03-3528-9802
　　　　　https://tetsujinsya.co.jp
デザイン　細工場（鈴木 恵）
印刷・製本　モリモト印刷株式会社

ISBN978-4-86537-297-7　C0195

本書へのご意見、お問い合わせは直接、小社までお寄せくださるようお願いします。